AF103244

www.ingramcontent.com/pod-product-compliance
Lightning Source LLC
LaVergne TN
LVHW010332070526
838199LV00065B/5729
9789358725766

کیا نام نہ ہو گا

(مزاحیہ و طنزیہ مضامین)

بھارت چند کھنہ

© Taemeer Publications LLC

Kya naam na hoga *(Humorous Essays)*

by: Bharat Chand Khanna

Edition: November '2024

Publisher :

Taemeer Publications LLC (Michigan, USA / Hyderabad, India)

ISBN 978-93-5872-576-6

مصنف یا ناشر کی پیشگی اجازت کے بغیر اس کتاب کا کوئی بھی حصہ کسی بھی شکل میں بشمول ویب سائٹ پر
اَپ لوڈنگ کے لیے استعمال نہ کیا جائے۔ نیز اس کتاب پر کسی بھی قسم کے تنازع کو نمٹانے کا اختیار
صرف حیدرآباد (تلنگانہ) کی عدلیہ کو ہوگا۔

©تعمیر پبلی کیشنز

کتاب	:	**کیا نام نہ ہوگا** (مزاحیہ مضامین)
مصنف	:	**بھارت چند کھنہ**
صنف	:	طنز و مزاح
ناشر	:	تعمیر پبلی کیشنز (حیدرآباد، انڈیا)
سالِ اشاعت	:	۲۰۲۴ء
صفحات	:	۱۵۰
سرورق ڈیزائن	:	تعمیر ویب ڈیزائن

ترتیب

ضرورت ہے صدر کی ۷
جوابِ لاجواب ۱۹
توخیِ تحریر ۲۵
کیا کیا نہ کیا عہدے کے لئے ۳۴
نقلی پنجابی ۴۱
ہندوستانی بال سینا ۴۷
صنفِ نازک کی عمر ۵۶
جو کچھ کہ دیکھا... ۶۲
بڑا مشکل ہے دوست بنانا ۶۹
من تما یاجی بگویم ۷۴
غریبی ہٹاؤ ۸۹
حصارِ ازدواج کا قیدی ۱۰۰
معاشرتی زندگی ۱۰۹
بیکاری ہٹاؤ ۱۱۶
حیدرآباد، امریکہ، حیدرآباد ۱۲۵
لوتھر گارو ۱۳۷
تکلف برطرف ۱۴۳

گورنمنٹ کالج لاہور ___ کرکٹ ٹیم کے کپتان

سیّد فدا حسنؒ

سفیر پاکستان برائے ہند

کے

نام

جن سے تیس سال بعد ملاقات کی سبیل نکلی تھی کر ___
دستِ اجل نے یہ آرزو پوری نہ ہونے دی اور میرا یہ
شفیق، ہمدرد، قابلِ صد احترام کالج اور کرکٹ کا ساتھی
اپنے خالق سے جا ملا۔

میں اس کتاب کی اشاعت کے لئے ممنون و مشکور ہوں :

- جناب مصطفیٰ کمال صاحب مدیر شگوفہ کا جنھوں نے اس کی اشاعت کا اہتمام کیا۔
- زندہ دلانِ حیدرآباد کا جنھوں نے اسے اپنی مطبوعات میں جگہ دی۔
- جناب طالب خوندمیری صاحب کا جنھوں نے میری تصویر مجھ سے اچھی بنائی۔
- جناب سعادت علی خاں صاحب کا جنھوں نے ٹائٹل کے لئے خوبصورت ڈیزائن بنایا۔

بھارت چند کھنہ

بھارت چند کھنہ

پیدائش : کشمیر ۱۹۱۴ء، بقیدِ حیات تادمِ تحریر
تعلیم : بی۔ اے (پنجاب) ایم۔ اے (عثمانیہ)
ٹرائی پوس (کیمبرج)
مشغلے : کرکٹ : جنوبی ہند اور ریاست حیدرآباد کی
ٹیموں کی نمائندگی۔ حیدرآباد کرکٹ اسوسی ایشن
کی صدارت۔ کرکٹ کھیلوں کی کامنٹری۔
اردو : طنز و مزاح نگاری کی کوشش۔
شیخی : واحد ہندوستانی۔ آئی۔ اے۔ ایس اور کیمبرج کرکٹ بلو
دُنیا کی سب سے مقدس چیز : ماں کی محبت
دُنیا کی سب سے قابلِ نفرت چیزیں : زرد صحافی، آیا رام گیا رام
چکنے سر اور چہرے، موٹے پیٹ۔
سب سے پیاری اور خوبصورت چیز : کُتّے کا پِلّا
موجودہ ملازمت : (آئی۔ اے۔ ایس سے وظیفہ کے بعد)
ڈائرکٹر اُردو اکیڈمی آندھرا پردیش
مُصنّف کی دیگر تصنیفات : مُسکراتے آنسو۔ (افسانوں کا مجموعہ)
مُصیبتیں (مضامین)، ٹھنڈی بجلیاں (مضامین)
تیرِ نیم کش (مضامین اور ڈرامے)

ضرورت ہے - ایک صدر کی

مبادا کہ عنوان سے کسی قسم کی غلط فہمی پیدا ہو، یہ بات شروع میں ہی واضح کر دی جاتی ہے کہ اس عنوان کا تعلق کسی ترقی یافتہ یا پس ماندہ ملک کے صدر کے چناؤ سے نہیں، کسی سرکاری، غیر سرکاری، ترکاری، ریزگاری یا ریاکاری فروشوں کی انجمن کے صدر کے انتخاب سے بھی نہیں ہے۔ بلکہ موضوع کا تعلق ایسے صدر سے ہے جن کو کسی ادبی جلسہ، کسی تہذیبی محفل، کسی مشاعرہ کسی شام غزل، کسی شب بہاراں، کسی کتاب کے رسم اجرا، کسی دانشور کو جس کی کشتی حیات بحرِ فنا میں ڈوبنے ہی والی ہو خراجِ عقیدت پیش کرنے یا پھر کسی رنگا رنگ پروگرام کے موقعہ پر صدر بنا کر جلسہ میں کسی اصل دلہن کی طرح بٹھا دیا جاتا مقصود ہو، جس میں یہ صدر خاموش، غمگین، شرمسار، لاچار آنکھوں میں نیند کا غبار سنبھالے، جلسہ کے دوران ہونے والی جملہ ستم رانیوں کو اپنی

کرنی کا پھل سمجھ کر، سہتا ہوا چپ چاپ بیٹھا رہتا ہے۔ اس کی ناز برداری کے سلسلہ میں پانی کا ایک گلاس (گلاس کا صاف ستھرا ہونا ضروری نہیں) اس کے سامنے دھر دیا جاتا ہے تاکہ اس کو صرف خون کے گھونٹ ہی پینے پر اکتفا نہ کرنی پڑے۔ البتہ اس کو اس بات کی پوری پوری آزادی ہوتی ہے کہ

تھک جائے جو اک پہلو تو وہ پہلو بدل ڈالے

مگر بانیانِ جلسہ اس بات کی گارنٹی فراہم نہیں کرتے کہ صدارت کے فرائض ادا کرتے ہوئے اکڑ جانے کے بعد صاحب صدر کا جوتا چپل اسی جگہ پر جہاں وہ اس سے رخصت ہوئے تھے ان کا انتظار کرتا، ان کی طرح اپنی رکھی ہوئی جگہ پر رکھا مل جائے گا۔ کیونکہ ایسے جوتوں کے انتظار میں اُردو کے کئی آبلہ پا شیدائی، ہاتھ کی صفائی دکھلاتے ہوئے اپنے دکھتے پیروں کی حفاظت کا اہتمام اور بدبخت صدر کی اپنے جوتے سے محرومی کا پکّا انتظام کر دیتے ہیں اور پھر یہ ظالم صاحبِ صدر کی پریشانی کی کیفیت کو دُور سے دیکھنے کے لئے جلسہ کے اختتام تک موجود بھی رہتے ہیں۔ یہی وجہ ہے کہ بہت سے تجربہ کار صدور بوقتِ صدارت اپنے جوتوں کو اپنی صدری کے اندر کچھ ویسی ہی احتیاط سے سینے سے لگائے رکھتے ہیں جس طرح الٰہ دین کے قصّہ کا جادوگر طلسمی چراغ کو سنبھالے رکھتا ہے۔ البتہ یہ کیفیت کسی وی آئی پی کے ساتھ پیش نہیں آسکتی۔ کیونکہ موصوف کے جوتے اُتارتے ہی، ان کا پرسنل اسسٹنٹ، پرسنل اٹنڈنٹ کے فرائض سنبھالتے ہوئے ان پر جھپٹ کر گرتا ہے اور ان کو اپنی پرسنل کسٹڈی میں لے لیتا ہے۔

یہ ایسے جلسے ہوتے ہیں جو معشوق، دھوبی، درزی، یا جاکی کے وعدوں کی طرح کبھی وقت یا تاریخ اعلان کردہ پر منعقد نہیں ہوتے، جن کے

بارے میں اعلانات چھپواتے وقت بانیانِ جلسہ کے کسی قلم تراش قسم کے انسان کے دماغ میں جلسہ کا ۔۔۔ جو کبھی بھولے سے بھی اعلان میں عظیم الشان قسم سے کم درجے کا نہیں ہوتا ۔۔۔ ایک موہوم و مبہم سا خاکہ ہوتا ہے؛ ایک طرح کی کانپتی ہوئی پرچھائیں، ایک بھٹکتا ہوا سا خیال، جلسہ منعقد کرنے کی ایک آرزو ۔۔۔! بس یوں سمجھئے کہ کسی شخص کے دل میں کوئی خواہش پیدا ہوئی؛ قلم حرکت میں آیا اور ایک اعلان جاری ہوگیا۔

اس اعلان میں مقام، تاریخ، وقت اور سال کا قطعی تعین نہیں ہوتا بلکہ مبہم سے اشارے ہوتے ہیں۔ پھر یہ سوچ شروع ہوتی ہے کہ جلسہ گاہ کونسی ہوگی یا ہوسکتی ہے۔ اس ضمن میں کانفرنس ہال کے خیال، اسمبلی کی چھت، شہر نگاراں کا سب سے بڑا تھیٹر، اس کا سب سے وسیع اور شاندار اسٹیڈیم، شادی گھروں، کالج کے میدانوں، سرائے خانوں، خانقاہوں، مندروں کے پچھواڑوں، درگاہوں کے احاطوں، ہوٹلوں کے تہہ خانوں، فیکٹریوں کے گوداموں، مرغزاروں اور زیارت گاہوں کے محل وقوع ذہن میں آتے ہیں۔ جب یہ سب مقامات پیشگی ہی سارے سال کے لئے بُک ہوچکے ہوتے ہیں اور ان کو کسی وسیلہ سے بُک نہیں کیا جاسکتا تو تان کسی پرانی بارہ دری پر ٹوٹتی ہے جس کے باروں دروازے اس کی صدیوں پرانی شان و شوکت کی یاد میں تڑپ تڑپ کر ایسے ٹوٹے پھوٹے اور لنگڑے ہوگئے ہوتے ہیں جس طرح کسی آرتھرائٹس کے مریض کے جوڑ ۔۔۔ جو ہلکے سے ہوا کے جھونکے سے بھی لرزنے لگتے ہیں۔ اور جن میں سے ایسی آوازیں پیدا ہوتی ہیں جیسی کسی ہندوستانی دہشت انگیز فلم کے ایسے وحشت ناک سین میں سنائی دیتی ہیں جس میں ازلی بے وقوف ہیروئن، پیدائشی چالاک ولن کے جھانسوں میں آکر کسی انتہائی اندھیری رات کو کسی بھوت بنگلہ میں ہیرو سے

ملاقات کرانے کا تیقن دیئے جانے پر بھاگم بھاگ پہنچ جاتی ہے اور بنگلہ میں سے آنے والی خوفناک آوازوں کو سن کر بے تحاشا چیخیں مارنے لگتی ہے اور جب تھک جاتی ہے تو کوئی خون منجمد کر دینے والا دردناک فلمی گانا شروع کر دیتی ہے۔ ان ہولناک آوازوں کو سن کر سینما ہال میں بیٹھے بچے ماؤں کی چھاتیوں سے چمٹ جاتے ہیں اور مائیں سمٹ کر اپنے احمق شوہروں کے شانے تھام لیتی ہیں۔

ایسے جلسہ گاہ میں اگر جلسہ شروع ہونے سے عین پہلے برقی آف ہو جائے تو جلسہ میں بھی خوف کی لہر پھیل جاتی ہے۔ گھپ اندھیرے میں کچھ بانیانِ جلسہ آپس میں گفتگو اور تکرار سے گزرتے ہوئے جونہی بیزار پر اُتر آتے ہیں کہ فلاں ابن فلاں نے ہمارے موجودہ برقی انتظام کی برکتوں کو جانتے ہوئے بھی اخراجات میں انتہائی کفایت کو ملحوظ رکھتے ہوئے پیٹرومیکس کا انتظام بھی احتیاطاً رکھنے سے سب کو باز رکھا تھا۔ بانیانِ جلسہ کی خوش قسمتی اس میں ہوتی ہے کہ یہ سارا ایکشن اندھیرے میں انجام پاتا ہے اور اس کو فلمانے کا کوئی بندوبست نہیں ہوتا۔ اس افراتفری کی کیفیت میں بعض تجربہ کار منتظمین صدرِ جلسہ کو جا کر تھام لیتے ہیں کہ کہیں وہ مٹی کا مادھوڈر کے مارے جلسہ سے فرار نہ ہو جائے اور جس کی غیر موجودگی کو پیٹرومیکس 'وکیس کی بتی' اگربتی یا چائے کی پتی بھی پورا نہ کر سکے۔

بات جو انتخاب صدر کے تعلق سے شروع ہوئی تھی کہاں سے کہاں پہنچ گئی انتخابِ صدر کا مسئلہ اگرچہ اس کو کوئی خاص کام انجام دینا نہیں ہوتا اس کے روایتی مقام کے باعث بہت اہم ہوتا ہے۔ اولاً کسی ناش (ن۔الف۔شین) یعنی نہایت اہم شخصیت کی تلاش شروع ہوتی ہے۔ مقصد بسا اوقات صرف جلسہ کی زینت ہی نہیں ہوتا بلکہ کسی منتظمِ جلسہ کے پیشِ نظر کسی اٹکی ہوئی فائل کا نکلوانا، کسی فراموش شدہ سڑک کی مرمت، بجلی کا کنکشن، بلدیہ ٹیکس کو جو

کسی مکان کو کسی بلدیہ کے منتظم نے محل سمجھ کر عاید کر دیا ہو کم کروانا، کسی مقام پر پانی کی سربراہی یا ایسی ہی بعض مصیبتوں سے چھٹکارا پانا ہوتا ہے۔ اس لئے صدارت کے لیے ناشوں کا گانٹھنا محض تعارف حاصل کرنے یا ربط پیدا کرنے کے مقصد سے کیا جاتا ہے اور جلسہ کے بعد شخص متعلقہ کوئی موقعہ پاکر راست بر سر مطلب آجاتا ہے۔ خیر یہ تو بعد کی باتیں ہیں۔ جب کوئی اہم شخصیت صدارت کرنا قبول فرمالیتی ہے تو پرسنل اسسٹنٹ بعض صورتوں میں اہم شخصیت کی لمبائی بانیانِ جلسہ کو بتلا دیتا ہے۔ یہ اطلاع ہار کی موزونیت سے تعلق رکھتی ہے۔ کیونکہ ایسا بھی ہو چکا ہے کہ جب کسی بہت اہم شخصیت کے لئے ان کی اہمیت کے اعتبار سے بانیانِ جلسہ نے نہایت عظیم الشان قسم کا ہار پہنایا تو شخصیت کا قد ہار کی لمبائی سے ایک فٹ کم نکلا اور چونکہ اس اہم شخصیت کو دس پندرہ قدم چل کر کسی تصویر کی نقاب کشائی کرنا تھا' اس لئے موصوف بائیں ہاتھ سے ہار کو اُٹھائے اس طرح قدم اُٹھا رہے تھے جس طرح بارش میں عورتیں ساڑھی کے نچلے حصّہ کو خراب ہونے سے بچانے کے لئے اُونچا اُٹھا کر چلتی ہیں۔ اور یہ ناپ کی بات اس وقت سے اور بھی اہمیت حاصل کر چکی ہے جب کسی ایسے ہی جلسہ میں منتظین نے ایک نہایت عمدہ موٹا تازہ ہار صاحبِ صدر کی آرائش کے لئے بنوایا تھا' مگر جب جلسہ میں گلپوشی کی رسم انجام دی جانے لگی تو معلوم ہوا کہ صاحبِ صدر کی شخصیت اپنی اہمیت کی موزونیت کے اعتبار سے نہایت غذا گزیدہ تھی۔ سر پر ٹوپی کی بجائے ایک عظیم الشان پگڑ بندھا تھا جو غالباً موصوف کو وراثت میں ملا تھا ورنہ فی زمانہ سر کو ڈھانپنے کے لئے اس قدر کپڑے کا استعمال امر محال معلوم ہوتا ہے' اس میں اس قدر کپڑا تھا کہ تمام بانیانِ جلسہ کے لئے ایک ایک کرتہ پاجامہ سلائی

کرنے کے لئے کافی تھا۔ اور پھر شاید خدا کو یہی منظور تھا کہ وہ ہار ان کے سر کے محیط سے چھوٹا ثابت ہو جس کے باعث پہلے تو صاحب صدر کا پگڑ سر سے کھسک کر ان کے قدموں میں آ رہا۔ پھر ان کی جٹائیں پریشان ہو کر ان کے چہرے پر نقاب کی شکل میں نمودار ہوئیں اور بالآخر ہار پہنانے کی کشمکش میں ہار کا دھاگا ٹوٹ گیا اور سرِ محفل صاحبِ صدر کے سر پر پھولوں کی بارش ہو گئی ـــ اور صاحبِ صدر کسی پرانے زمانے کے شاہی دربار کے مسخرے کی طرح حاضرین کے لئے تصویرِ فرحت بنے غصہ سے کانپتے کھڑے تھے۔ کیفیت یہ تھی کہ ؎

گھونگٹ کے تار بستے گئے رنگِ عتاب میں

جب سے یہ واقعہ ہوا ہے بانیانِ جلسہ بطورِ احتیاط پھولوں کو ربر کی ڈوری میں پرو کر لاتے ہیں تاکہ اگر بفرضِ محال ہار صدرِ جلسہ کے سر اور گردن کے محیط سے کم نکلے تو کم از کم ربر کی ڈوری کی مدد سے گلے میں ہار کی طرح نہ تو نہ سہی، چوڑی کی طرح سر میں پہنا دیا جائے اور گردن میں پھانسی کے پھندے کی طرح پھنسا رہے۔

بے پناہ طور پر اہم شخصیتوں کو صدر بنانے میں ایک اور بڑی مصیبت جو مضمر ہے وہ یہ ہے کہ یہ لوگ بسا اوقات سین سے یکلخت بغیر کسی اطلاع کے غائب ہو جاتے ہیں، بالکل اسی طرح جس طرح کوئی مشکل کشا کسی دفتر میں دوسرے دن ملنے کا وعدہ کر کے اسی دن ایک ماہ کی رخصت پر بوریا بستر باندھ کر رفوچکر ہو جاتا ہے اور ڈیڑھ ماہ بعد طلوع ہوتا ہے۔ بہر حال جلسہ میں یہ حال ہوتا ہے کہ حاضرین، مقررین اور منتظمین سب موجود مگر صاحبِ صدر غیر موجود ہوتے ہیں۔ جب پون گھنٹہ انتظار میں گزر جاتا ہے اور مدعوئین شور و غل مچانے کے موڈ سے بڑھ کر اپنے دل میں کچھ اور ٹھانے نظر آتے ہیں۔

تو صاحب صدرِ زیرِ بحث کے دفتر، دولت خانہ، خانہ ہائے دوستاں اور دوسرے اڈوں پر جہاں وہ بعض اوقات مل سکتے ہیں، ٹیلی فون کھڑکھڑائے جاتے ہیں۔ بعض مرتبہ معلوم ہوتا ہے کہ اگر موصوف کو گھوڑوں کے چوک نزد ہمسل بنڈہ، حیدرآباد میں صدارت کرنی تھی تو وہ اس وقت جنگل میں منگل منانے بھاگ کر ننگل پہنچے ہوتے ہیں۔ اور بعض مرتبہ تو ایسا بھی ہوتا ہے کہ ان کی آمد و رفت کا جاننے والا ان کی حرکات و سکنات سے بالکل لاعلمی کا اظہار کرتا ہے منتظمین جلسہ سرپیٹ لیتے ہیں اور جلسہ میں آکر سامعین کی صفوں میں سے کسی سادہ لوح انسان کو گلے میں ہاتھ ڈال کر اُٹھالاتے ہیں اور ڈائس پر لاکر سامعین سے اس کا تعارف کراتے ہیں۔ اعلان کردہ صدر کی غیر موجودگی کے تعلق سے اپنے غم و غصہ کو صدرِ دستور کی گوناں گوں مصروفیات، بھاری سرکاری، غیر سرکاری، معاشرتی اور جمہوری ذمہ داریوں کی چادر میں لپیٹ کر معافی مانگتے ہیں۔ اور سامعین میں سے پکڑے ہوئے بکرے کی پیٹھ تھپتھپاتے ہوئے، یہ ثابت کرنے کی کوشش کرتے ہیں کہ موصوف کی صدارت میں ان کے جلسہ کی شان کچھ اور بڑھ جائے گی۔ کیونکہ مسندِ صدارت پر ان کی موجودگی آمد بمقابلہ آورد کی حیثیت رکھتی ہے۔ اس کے بعد نئے صدر کو تالیوں کی گونج میں ہار پہنانے کی کارروائی سرانجام پاتی ہے۔

حاضرین کرام! خاکسار بیان کرچکا ہے کہ بعض اوقات صدرِ اعلان کردہ کی نقل و حرکت سے متعلقین اور غیر متعلقین ہر دو ناواقف ہوتے ہیں۔ ایسے ہی ایک گراؤنڈ میں اصل صدر کے طلوع نہ ہونے پر جب سامعین میں سے پکڑے ہوئے مہرے کو صداری ہار پہنایا جارہا تھا، تو عین اس وقت اصل صدر صاحب نہ معلوم کہاں کہاں سے بھٹکتے ہوئے جلسہ میں جلوہ افروز ہوگئے اور آناً فاناً

ڈائس پہ پہنچ گئے۔ ان کو وہاں موجود پاکر گل پوشی کرنے والے ہاتھ ہوا میں منجمد ہو گئے۔ گل پوشی کرانے والی جھکی گردن مارے شرم کے کچھ اور جھک گئی اور سامعین صدور کے اس جوڑے کو بیک وقت ڈائس پر دیکھ کر بے اختیار سیٹیاں اور تالیاں بجانے لگے۔

اس کیفیت میں کنوینر جلسہ نے خود بھی ایک فلک شگاف قہقہہ لگایا۔ پھر فاتحانہ انداز سے فرمایا کہ "مجھے یقینِ کامل تھا کہ ہمارے معزز صدر وعدہ فرما کر ضرور وعدہ وفا کریں گے۔ وہ دیر سے ضرور تشریف لائے ہیں، مگر ادبی جلسوں میں دیر، دیر نہیں ہوتی بلکہ مروجہ روایات کا ثبوت فراہم کرتی ہے اور بہر صورت دیر آید درست آید کی مثل تو مشہور ہے ہی۔ مجھے اس بات کی بڑی مسرت ہے کہ اعلان کے مطابق جلسہ کی کارروائی عزت مآب کی صدارت میں شروع ہو رہی ہے:

یہ سُن کر ظاہر ہے کہ سامعین میں سے پکڑ کر لایا ہوا مرغا کھسکنے کی کوشش کرتا ہے مگر کنوینر صاحب اپنی ٹانگ سے ان کی راہِ فرار کو روکتے ہوئے مزید یہ اعلان کرتے ہیں کہ " عزت مآب کی صدارت میں جلسہ کا پہلا دَور منعقد ہوگا اور صاحب صدر کے تشریف لے جانے پر ایک مختصر سی محفل شعر و لطیفہ گوئی برپا ہوگی جس کی صدارت ہمارے عارضی صدر صاحب کریں گے:

اس اعلان پر مزید سیٹیوں، تالیوں اور کرسیوں کی سیٹوں کو پیٹنے کی آوازیں بلند ہوتی ہیں۔ اصلی صدر کو ہار پہنایا جاتا ہے جس کو گلے سے اُتار کر موصوف میز پر سامنے رکھ دیتے ہیں۔ پھر تصویر لی جاتی ہے اور کنوینر صاحب میز پر سے ہار اُٹھا کر ایک کارکن کے حوالے کر دیتے ہیں تاکہ تصویر کشی میں آسانی ہو۔ مگر وہ کارکن کو یہ تاکید بھی کر دیتے ہیں کہ ہار کو محفلِ شعر کے صدر کے

لئے محفوظ رکھنا ہے۔ یہاں اس بات کی وضاحت کر دینا ضروری ہے کہ یہ با۔ اپنی افادیت کی آخری منزل پر اس وقت پہنچتا ہے جب کنوینر صاحب اس کو دوسرے صدر کے پنجے سے بھی بچا کر بالآخر اپنے گھر لے جاتے ہیں اور اپنی بیگم کو بھی یہ کہہ کر خوش کر دیتے ہیں کہ ــ

ہار پھولوں کا مری جان تیرے واسطے آخر شب

لیکن جب بانیانِ جلسہ کی گرفت میں کوئی نامور، اہم، ٹھوس اور چکنی ہستی نہیں آتی اور ایسا بار ہا ہوتا آیا ہے کہ کوئی نیا شگوفہ کھل جاتا ہے، مثلاً اسمبلی کی تحلیل، وزارت کی نئی تشکیل، قلم دانوں کی نئی تقسیم، کسی غیر متوقعہ اور اچانک وفات سے کسی اہم جگہ کا خالی ہو جانا، الیکشن کی آمد اور دی نیکسٹرز کی آمد و رفت وغیرہ سے اہم شخصیتیں اپنے معمول کے سب معمولی کام چھوڑ کر اپنے رشتے استوار کرنے، اپنے لئے زیادہ اہم مقام حاصل کرنے کے لئے مختلف مقامات کے دوروں پر نکل پڑتے ہیں۔ ایسے موقعوں پر ۔ ۔شش منڈی سے دفعتاً اسی طرح غائب ہو جاتے ہیں جس طرح مداری کی تھیلی سے انڈے، راشن کی دکان سے شکر یا کیروسین کا تیل اور میری کھونٹی پر لٹکائی ہوئی پتلون کی جیب سے ریزگاری۔ ان حالات میں بانیانِ جلسہ کو کسی ن۔م۔ش یعنی نہایت معمولی شخصیت کی تلاش ہوتی ہے۔ مگر شخصیت خواہ کتنی ہی معمولی کیوں نہ ہو ایسے میں بھی صدارت کا رتبہ حاصل کرنے کے لئے چند خوبیوں کی موجودگی ضروری ہوتی۔

سب سے پہلے غیر اہم شخص کے حلیے کو دیکھا جاتا ہے۔ سوال خوبصورتی کا نہیں ہوتا، بلکہ یہ دیکھا جاتا ہے کہ ایسا شخص معقول ہونے کے علاوہ دید کے ناقابل نہ ہو۔ اس کی صورت شکل ڈراونی اور گھناونی نہ ہو اور محفل میں مستورات کو مسلسل گھورنے والا نہ ہو۔ او ۔اس بات کی پڑتال بھی کر لی جاتی ہے کہ اس کے

پاس کم ازکم ایک جوڑا کپڑوں کا ایسا ہو جن کو پہن کر وہ جلسہ میں معقول سا انسان نظر آئے۔ ان امور کے متعلق اطمینان کر لینے کے بعد اس کے کپڑے پہننے کے سلیقہ پر بھی نظر ڈالی جاتی ہے، کیونکہ بعض ایسے شرفا بھی سفید پوشوں میں نظر آتے ہیں جو اپنی بہترین بش شرٹ کا ستیاناس اس طرح کر کے رکھ دیتے ہیں کہ اُوپر کے دو بٹن چھوڑ کر تیسرے بٹن کو سب سے اُوپر والے کاج میں لگا دیتے ہیں اور اپنی اس حماقت سے بالکل بے خبر رہتے ہیں۔ بعض یہی سلوک پتلون کے سامنے کے بٹنوں اور کاجوں کے ساتھ روا رکھتے ہیں۔ اور پھر کئی ایسے بھی بے خبرے ہوتے ہیں جو پتلون کے زِپ یا بٹنوں کے استعمال کو یکسر بے ضرورت سمجھتے ہیں۔

خیر اِن بے ہودگیوں سے ہٹ کر صدر کے انتخاب میں صدر کی صحت کا جائزہ بھی لیا جاتا ہے۔ بانیانِ جلسہ اپنے نسکار کو بالکل اسی طرح دیکھتے ہیں جس طرح کوئی ماہر باورچی مرغ خریدتے وقت اس کے صحت مند ہونے کا یقین کر لینا چاہتا ہے۔ بات یہ ہے کہ زندگی اس وقت ایک ایسے دَور سے دوچار ہے جس میں عام سفید پوش سیاہ منڈی میں سفید چینی کی قیمت سن کر مارے غصہ کے لال پیلا ہو جاتا ہے۔ وہ چینی کو چائے کی پیالی میں اسی احتیاط اور اختصار سے ڈالتا ہے جیسے کوئی ہومیو پیتھک ڈاکٹر دوائی کی پڑیاں بنا رہا ہو، صابن کی قیمتوں کی ترقیِ اقبال کی وجہ سے اس کے استعمال میں اس پر اس طرح نرمی سے ہاتھ پھیرتا ہے جس طرح کوئی بزرگ کسی برخوردار کو دعا دیتے وقت اس کے سر پر شفقت سے ہاتھ پھیرتا ہے۔ اور ٹوتھ پیسٹ کی قیمتوں پر آئے ہوئے عروج سے مرعوب ہو کر اس کو ٹوتھ برش پر ایسی چابکدستی سے بکھیرتا ہے جس طرح کوئی پیتھالوجی کا ماہر قطرۂ خون کو شیشے

کی سلائیڈ پر یہ جاننے کے لئے پھیلاتا ہے کہ آخر اس نے مریض کے دل میں اس قدر شور کیوں مچا رکھا تھا۔ ایسے دورِ حیات میں صاحبِ صدر کے رشتۂ حیات کی پختگی کو جانچنا اس لئے ضروری سمجھا جاتا ہے کہ کہیں دوران جلسہ صاحب صدر پر دل کا دورہ نہ پڑ جائے اور منتظمین جلسہ کے لئے یہ ضروری ہو جائے کہ پہلے کسی ڈاکٹر کو فوراً فراہم کریں۔ پھر اسٹریچر اور امبولنس کا انتظام کریں۔ صدر کو اس میں ڈال کر اسپتال پہنچائیں اور اگر موصوف راستہ ہی میں ملکِ عدم کے راستہ پر پڑ جائیں تو ان کے کفن دفن کا اہتمام بھی کریں۔

پھر بانیانِ جلسہ اس بات کا یقین بھی کر لینا چاہتے ہیں کہ صدارت کے لئے جس شخص کو گانٹھا جا رہا ہے وہ پابندی سے وقت پر جلسہ گاہ وارد ہو جائے گا۔ وہ کسی ایسے جھمیلے میں پڑنا نہیں چاہتے جس میں صاحبِ صدر انکم ٹیکس نہ دینے کی پاداش میں گرفتار ہو کر بوقتِ صدارت جیل خانے میں تشریف فرما، مچھروں اور کھٹملوں سے نبرد آزمائی کر رہے ہوں یا پھر گرفتار ہونے کے ڈر سے راہ فرار اختیار کر چکے ہوں۔ چنانچہ وہ ایسے سفید پوش کو ڈھونڈتے ہیں جو انکم ٹیکس کے محکمہ کی دسترس سے باہر ہو، مگر ایسا بھی نہ ہو جو اپنی شرافت کو بھاڑ میں جھونکتے ہوئے منہ پھاڑ کر سفر خرچ، بھتہ، اور صدارت کے دوران پہنے جانے والے کپڑوں کی دھلوائی اور استری کروانے کے اخراجات طلب کر بیٹھے۔ ان کے پیشِ نظر تو ایسا شخص ہوتا ہے جو نہ صرف سفر خرچ وغیرہ کا مطالبہ نہ کرے بلکہ مقامِ جلسہ پر پہنچنے کے لئے جو راستہ اسے اختیار کرنا ہو اس راہ پر آتے ہوئے چند کارکنوں کو بھی اپنی شکستہ حال موٹر میں بٹھا کر ساتھ لیتا آئے تاکہ صاحبِ صدر کو جلسہ گاہ کی تلاش میں زحمت نہ اٹھانی پڑے۔ بعض مرتبہ تو ہوشیار

جلسہ ساز تکلّف برطرف کرتے ہوئے صدرِ جلسہ کو اس بات کا پابند بھی کر دیتے ہیں کہ آتے ہوئے مائیکرو فون فِٹ کرنے والے کو ساز و سامان کے ساتھ لیتے آئیں۔ ایسی صورت میں بعض مرتبہ ایسی صورتِ حال بھی پیدا ہو چکی ہے کہ افتتاح دینے کے بعد مائیکرو فون لگانے کی اُجرت بھی صاحب صدر کو بالآخر ادا کرنی پڑی۔ کیونکہ جلسہ کے بعد جلہ بانیانِ و منتظمینِ جلسہ ہوا میں تحلیل ہو گئے تھے!

جواب لاجواب

یہ دُرہائے بیش بہا جو آپ کی خدمت میں پیش کئے جا رہے ہیں ہم کو جنرل نالج کے ایک امتحان میں دیئے گئے جوابوں سے حاصل ہوئے ہیں۔ چونکہ جواب انگریزی میں لکھے گئے تھے اس لئے زبانِ انگریزی میں جو جدتیں اور خوبیاں پیدا کی گئی تھیں ان کا اظہار ترجمہ میں ناممکن ہے۔ بہرحال جن نئی معلومات کا علم سوالوں کے جوابات سے ہوتا ہے وہ دلچسپی سے خالی نہیں۔ چونکہ خود میری قابلیت جوابات زیرِ بحث لکھنے والوں سے کسی طرح کم نہیں اس لئے خاکسار نے بھی اپنی معلومات کے اعتبار سے چند جواب کسی قسم کی فارن ایڈ حاصل کئے بغیر درج کر دیے ہیں۔ ملاحظہ فرمایئے:

سوال: کسنجر کے متعلق آپ کیا جانتے ہیں؟

جواب: (۱) کسنجر ایک مشہور اور نہایت فیشن ایبل کنجر ہے۔

(۲) یہ ایک پاسنجر ٹرین ہے جو امریکہ سے چلتی ہے اور سوئز نہر سے گزرتی ہوئی چین چلی جاتی ہے۔

(۳) ایک تاریخی مقام کا نام ہے جس کا ذکر تاریخ میں نہیں ہے ۔
(۴) ایک مشہور شہر جو دریائے گومتی کے دہانہ پر آباد ہے۔ یہاں وہ کنکر
اُگائے جاتے ہیں جو چاول میں ملانے سے چاول بن جاتے ہیں ۔
(۵) ہندوستان کی ایک دو ماہی یوجنا ۔
(۶) ایک بہتا ہوا دریا ہے جو تھک کر آرام کی خاطر ٹھہر گیا ہے ۔
(۷) فلم اسٹار سنجے جب فلم میں ہیروئن کو کِس (KISS) کرتا ہے تو اس کو
کسنجر کہتے ہیں ۔

۲ ۔ سانچی کے متعلق آپ کیا جانتے ہیں ؟

- ساڑیوں کے لیے مشہور ہے جن پر سانچے موتی ٹانکے جاتے ہیں ۔
- پنسلین کی فیکٹری اور پنسلین بنانے کے کارخانے سانچی کہلاتے ہیں۔
- ایک پہاڑی مقام جہاں بستر کی چادریں اور دروازوں کے کھٹکے بنائے جاتے ہیں ۔
- سانچی میں لوہے کے سانچے بنائے جاتے ہیں ۔
- یہ راکٹ اُڑانے کا ایک پلیٹ فارم ہے ۔
- ایک قسم کی گیہوں کی خمیری روٹی جو موٹی اور خستہ ہوتی ہے اور بغیر آٹے کے
بنائی جاتی ہے ۔

۳ ۔ ہائی جیکنگ سے کیا مراد ہے ؟

- جب موٹر گاڑی کو جیک پر چڑھا کر بہت ہائی کر دیا جائے تو اسے ہائی
جیکنگ کہتے ہیں۔
- ایک ایسی ترکیب جس سے جن لوگوں کی چیزیں اڑائی جاتی ہیں ان کو اس کی خبر

تک نہیں ہوتی۔ یہ سوشل آرڈر کا اہم جزو ہے۔

- اس کی اصل وجہ قیمتوں کا بڑھانا ہے۔ اگر قیمتیں واجبی ہوں تو کوئی ہائی جیکنگ کیوں کرے۔
- ہماری حکومت کی جدید ترین تشہیر کا اسٹنٹ۔
- اکثر فلموں میں استعمال کیا جاتا ہے۔
- ایک نایاب شئے جو صرف بلیک مارکٹ میں ملتی ہے۔

۴۔ نان الائن منٹ کس کو کہتے ہیں؟

- اگر موٹر کے پہیے ٹیڑھے بنگے چلیں تو اس کو نان الائن منٹ کہتے ہیں۔
- شوہر اور بیوی کے جھگڑے نان الائن منٹ سے پیدا ہوتے ہیں۔
- نان الائن منٹ کی وجہ سے حاملہ عورتوں کو زچگی کے وقت بہت تکلیف ہوتی ہے۔
- کمزور قوموں کی منزلِ مقصود اس دھرتی پر صرف دو چیزیں ہیں۔ اچھی اور بُری۔ نان الائن منٹ ان میں سے کسی کو ووٹ نہیں دیتا اور تنہا بدصورت اور نشوونما کے بغیر پڑا رہتا ہے۔
- ایک قسم کا پیپرمنٹ ہے جس کے چوسنے سے CONTENTMENT پیدا ہوتا اور RESENTMENT نہیں ہوتا۔

۵۔ گولان ہائیٹس سے کیا مراد ہے؟

- ایک اونچا مقام جہاں صرف گوالنیں رہتی ہیں۔
- اگلے وقتوں کا ایک مشہور کرکٹ کا کھلاڑی۔

— ایک مقدس مقام ۔
— سب سے بڑا ریلوے اسٹیشن ۔
— ہندوستان کا سب سے بڑا ٹی ۔ بی سینی ٹوریم ۔
— وسط ایشیا کا سب سے بڑا پتنگ اڑانے کا مقام ۔ یہاں ایک زمانے میں روم کے شہنشاہوں اور انگلستان کے نائٹس کے درمیان جو نائیٹ لباس پہنا کرتے تھے پتنگ بازی کے مقابلے ہوتے تھے ۔ اس کو گولان اس لئے کہتے ہیں کیونکہ اس کی سب پہاڑیاں گول ہیں ۔ ان مقابلوں میں جو مانجھا استعمال ہوتا تھا وہ سوکھے حوض حیدرآباد سے بنڈلوں کے ذریعہ گولان ہائیٹس بھیجا جاتا تھا ۔
— میں نے گولان ہائیٹس کی سرخیاں اخباروں میں بہت مرتبہ دیکھی ہیں مگر تفصیلات کی جانب دھیان نہیں دیا ۔ میرے خیال میں گولان لفظ گول سے نکلا ہے اور آج کل روسی اور یہودی کھلاڑیوں میں یہ بحث چھڑی ہوئی ہے کہ فٹ بال کے میدان میں گول کی اونچائی کتنی ہو ۔

۶ ۔ جائینٹ فیملی کیا ہے ؟

— جب ایک فیملی، فیملی پلاننگ سے کسی دوسری فیملی سے جڑ جاتی ہے تو اس کو انگریزی میں جوائینٹ فیملی کہتے ہیں ۔
— جائینٹ سے مراد ہے دیو' اور دیو بہت اونچا بڑا ہوتا ہے ۔ اس لئے فیملی کو جائینٹ فیملی کہتے ہیں ۔
— ہندوؤں کی ایک فیملی جس کے سب فرد اکٹھے رہتے' کھاتے اور سوتے ہیں مگر فرداً فرداً آپس میں لڑتے اور مرتے ہیں ۔

ـــ ہندو فیملی جس میں چچے، چچیاں، بھتیجے، بھتیجیاں اکٹھے رہتے ہیں اور آپس میں شادی بیاہ کرتے ہیں تاکہ خاندان کی دولت فیملی میں رہے لیکن رفتہ رفتہ ان کی اولاد بعض نیتاؤں کی طرح فاترالعقل اور احمق ہو جاتی ہے۔ یہ اکٹھے رہتے اور لڑتے جھگڑتے ہیں مگر علٰحدہ علٰحدہ مرتے ہیں۔

۷۔ چراپونجی سے کیا مراد ہے؟

ـــ کالے منہ کا بندر۔
ـــ ایک مشہور جہاز جو ابھی تک پانی پر تیر رہا ہے۔
ـــ ایک حیوان۔
ـــ ایک مقام جو اپنی مٹھائیوں کے لیے مشہور ہے۔
ـــ ایک شاعر کا تخلص ہے۔
ـــ ایک پہاڑی مقام جہاں ایک رئیس نے اپنی پونجی زمین میں گاڑ دی تھی۔
ـــ چیرا تلنگی زبان میں ساڑی کو کہتے ہیں۔ پونجی سے مراد بچائی ہوئی رقم ہے اس لیے چراپونجی کا مطلب ہے وہ رقم جو عورتیں بچا کر اور ایک تھیلی میں ڈال کر ساڑی میں ٹھونس لیتی ہیں۔

۸۔ سکائی لیب کیا چیز ہے؟

ـــ ایک سینما کا نام ہے۔
ـــ عالم غیب کی خبروں کا مرکز۔
ـــ یہ چاند پر رہتا ہے۔
ـــ امریکہ وہاں ہے اور تحقیق کر رہا ہے۔
ـــ اس کی کامیابی سے ساری دنیا خوشی بن جائے گی۔

— یہ ست رنگی قوس قزح ہے۔ اس پر بارش سے پہلے بادلوں کا قبضہ ہوتا ہے جب کہ آسمان سکائی لیپ ہوتا ہے۔

— امریکہ کی اونچی عمارتیں جن کو SKY SCRAPERS کہتے ہیں جب آسمان کو چھو لیتی ہیں تو ان کو سکائی لیپ کہتے ہیں۔

— اسکائی لیپ عورتوں کی "لب" تحریک سے پیدا ہوا ہے۔ یہ بڑا ہی خوب صورت بچّہ ہے۔

— کوسی جن کے کتّے کا نام ہے۔

— شترو گھن سنہا اس میں بیٹھ کر اسٹوڈیو جاتا ہے۔

— یہ سوال شاید غلط چھپا ہے۔ ممتحن نے مسودے میں لیب کی بجائے "لیک" لکھا ہو گا۔ اور ظاہر ہے سکائی لیک سے مراد ہے وہ جھیل جو آسمان پر واقع ہو اور جس کے ٹپکنے سے بارش ہوتی ہے۔

(9) MATHA HARI کے متعلق آپ کیا جانتے ہیں؟

— ہری کی ماں کو ماتا ہری کہتے ہیں۔

— جب کوئی بیوی بفرضِ محال شوہر سے جھگڑتے ہوئے ہار جائے تو اسے ماتا ہری کہتے ہیں۔

(10) کالیداس ایک NOTABLE کوی تھا اسکے متعلق آپکو کیا معلوم ہے؟

— کالیداس ایک نہایت طاقتور پہلوان تھا اسی لئے اس کو مہا قوی کہتے تھے۔

— وہ NOTABLE اس لئے تھا کہ اس کے پاس لکھنے کے لئے کوئی میز نہیں تھی یعنی کالیداس "NO TABLE" کوی تھا۔

توضیحِ تحریر

جب ہمارے ملک کی ایک ریاست میں بے چینی اور خلفشار، احتجاج اور نعرے بازی سے بڑھ کر فسادات اور کشت و خون کی شکل اختیار کر گئے تو حسبِ معمول مقتدر سیاسی پارٹی کے موٹے اور ٹھوس لیڈر نے ایک نوخیز نیتا کو جس کا تعلق اس کی اور خوبیوں کے علاوہ پست اقوام سے تھا۔ اس ریاست کے صحیح حالات وہاں جا کر دریافت کر کے بھیجنے کی ہدایت کی ـــ حالات کا جائزہ لینے کے بعد جو خط لکھا گیا وہ پیش خدمت ہے :

" پوجیہ ادھیکش جی !

آپ کے حکم کے مطابق یہاں پہنچ گیا ہوں ۔ ریل کا سفر آپ کی آشیرواد سے بڑے مزے سے گزرا ۔ بعض مسافروں نے جنھوں نے فرسٹ کلاس کا بھاڑا دیا تھا، میرے دو سیٹوں کے کوپ ڈبے میں اکیلے سفر کرنے پر سخت اعتراض کیا ۔ لیکن یہ سب آپ کا چمتکار ہے کہ ریل والوں نے ان کو یہ کہہ کر چپ کرا دیا کہ میں بڑا خطرناک آدمی ہوں اور ریل کے سفر میں مجھ پر دورے پڑتے ہیں ۔

اور میں لوگوں کو کاٹ کھاتا ہوں۔ ویسے دیکھنے میں میں لگتا بھی کھفرناک ہوں۔ میرے جسم اور چہرے پر بال اور کھاس طور پہ میرے کانوں پر اُن کی اُگان کچھ ایسی ہے کہ میرے کھلا پچھ والوں نے میرا نام ''کانن بالا'' رکھ دیا ہے۔ کھیر اس کوپ ڈبے میں سپھر کرنے کا میرا پہلا موقعہ تھا۔ ویسے میرے گاؤں کے گھر کی کوٹھڑی بھی اسی ناپ کی ہے۔ ریل کے کرمچاریوں نے مجھے یکھین دلایا کہ مجھ کو راستہ بھر کوئی تکلیپھ نہیں ہوگی اور اگر میں چاہوں تو ننگا سو سکتا ہوں۔ دراصل میرا اپنا بھی یہی ارادہ تھا اور ایسا کرنا بھی جروری تھا کیونکہ ادھیکش جی، میرے پاس کپڑوں کا صرپھ ایک ہی جوڑا ہے۔ چنانچہ میں سب کپڑے اُتار کر بڑے ٹھاٹھ سے ننگا سویا۔

راستہ میں کھڑکی کے شیشوں میں سے لوگوں نے جو مجھے اس حالت میں دیکھا تو شاید یہ سمجھے کہ کوئی ننگا مہاراج سمادھی لگائے پڑا ہے۔ وہ چاہتے تھے کہ میں پلیٹ پھارم پر اُتر کر لوگوں کو اپنے جنم کے دکھٹ کے روپ میں درشن اور آشیرواد دوں۔ یہ بڑا سنہری موقعہ تھا، چیلے بنانے اور دکھشنا لینے اور ووٹ پکے کرنے کا، مگر اپنے پھرج کو کیسے بھول سکتا تھا۔ میں لیٹ رہا اور پلیٹ پھارم پر میری جے جے کار ہوتی رہی۔

اب جرا ریاست کا حال سُنئے۔ اکھباروں کی کھبروں سے ایسا معلوم ہوتا تھا کہ اس پردیش میں کھانے کو اناج نہیں۔ میں نے پردھان منتری سوکھے لال جی سے پوچھا کہ پردیش کا دھان کہاں چلا گیا۔ سوکھے لال جی نے کہا دھان کی ٹانگیں نہیں ہوتیں، اس لئے وہ کہیں جا نہیں سکتا۔ تم اکھبار مت دیکھو، مجھے دیکھو' واقعی سوکھے لال جی بڑے مجے میں ہیں۔ کھوب کھاتے اور کھوب پیتے ہیں۔ میں بھی ان کی سنگت میں کھوب کھا پی رہا ہوں۔ سوکھے لال جی نے مجھے تین چار جوڑے کپڑوں کے بنوا دیئے ہیں۔ کہتے ہیں ان کے پرانت کی کھادی بڑی اچھی

ہے۔ میرے واپس جانے سے پہلے چار جوڑے کپڑوں کے اور بھی بنا دینے کا وعدہ سوکھے لال جی نے کیا ہے۔ آپ ہی نے تو کہا تھا کہ میں سا بھ کپڑے پہنا کروں، اسی پر عمل کر رہا ہوں۔

کل شام جب ہم کھا پی رہے تھے تو میں نے سوکھے لال جی سے پوچھا کہ آپ کے پردیش میں پھساد، آتش جدگی، کھتل وکھون کی کیپھیت کیوں پیدا ہو گئی ہے۔ سوکھے لال جی کہتے ہیں، یہ سب ہماری پارٹی کے کھلاپھ والے گنڈے کر رہے ہیں۔ مگر دنگے پھساد تو ہونے ہی چاہئیں۔ کیونکہ ان کے بگیر جندگی پھیکی پڑ جائے گی۔ پھسادوں کے پھائدے جو سوکھے لال جی نے بتائے ہیں یہ ہیں کہ ان سے جو لوگ حکھمی ہوتے ہیں وہ اس کابل نہیں رہتے کہ گپجا کھا سکیں، اس سے گلّے کی کمی میں جیادتی پیدا ہو گئی ہے، اور ان لوگوں کے لئے جو ابھی جکھمی نہیں ہوئے گلّہ دینے میں سہولت ہو رہی ہے لوٹ مار، چھوٹی چھل کسم کی جندگی بنانے کا جریہ ہے۔ روپیہ پیسہ ان لوگوں سے لوٹا جاتا ہے جن کے پاس یہ ہوتا ہے۔ اور یہ جاتا ہے ان کے پاس جو نکدنارائن نہیں رکھتے۔ اس لئے سب لوگوں کو ایک ہی لین میں لانے کا یہ کھرانکھسہ ہے۔ پھر ملک کی دولت ملک میں ہی رہتی ہے۔ پوچھیہ پتاجی اس ترکیب سے جب مال دولت ایک سے دوسرے اور دوسرے سے تیسرے کے پاس پہنچ رہی ہے تو کیوں نہ اس میں سے کچھ حصّہ آپ کے سیوک کے پاس بھی جو بڑا اگریب ہے، آجائے؟ سوکھے لال جی کا کچھی پھل پھول رہے ہیں۔ پھلجی گانے کے ماچھک غل سے غلستان ہو گئے ہیں۔ مجھے برابر کا حصّہ نہیں دیتے، مگر میں سوچتا ہوں، بھاگتے چور کی لنگوٹی ہی سہی ۔۔۔ اس میں سے ساری لنگوٹی آپ کی 'بس ڈوری سے میرا کام

چل جائے گا ۔

توڑ پھوڑ اور جلانے سے ملک کو یہ پھائدہ ہے کہ پُرانے مکان اور کوٹھیوں کی جگہ نئی عمارتیں بن جائیں گی اور سڑکیں بھی چوڑی کی جاسکیں گی ۔ اس میں بھی لوگوں کا پھائدہ ہی پھائدہ ہے ۔ کتل کھون سب سے جیادہ پھائدہ مند ہیں ۔ کھاندانی منصوبہ بندی تو ہماری اکارت ہوئی ۔ کتل کھون کی یوجنہ سے آبادی گھٹائی جاسکتی ہے ۔ مگر اس کام کو تیج کرنا ہوگا ۔ میں کہتا ہوں "کتل کھون جندہ باد !

سوکھے لال جی کے خیالات میں نے بتا دیئے ۔ اب آپ کی کھبر کی کھاتر اپنی رپورٹ لکھ رہا ہوں :

یہاں پھیلی ہوئی اپھراتپھری جو لوگ حکومت کے کھلاپھ پھیلا رہے تھے آپ کی آشیرواد، سوکھے لال جی کے جور اور اس اُوپر والے کی مہربانی سے ان سب کا سپھایا ہوگیا ہے ۔ ان کا نام نشانہ باکی نہیں رہا اس لئے یہاں اب کا بھی امن اور چینی ہے ۔ مگر بے چینی اور پھساد چاروں طرپھ اور ہر جگہ پھیلا ہوا ہے ۔ اس کی وجہ سے ہم کو کھانے پینے کے لئے کچھ نہیں ملتا ۔ صبح ناشتہ، رات کا کھانا اور دوپہر کو تھوڑی چائے جرور ملتی ہے اور جب ہم کھانے کو بیٹھتے ہیں تو کھترے سے بچنے کی کھاتر ہر وکت دونوں ہاتھوں میں ہتھیار ہوتے ہیں اور اس وکت بھی جب میں یہ کھت لکھ رہا ہوں میرے ایک ہاتھ میں بھرا ہوا پستول ہے اور دوسرے ہاتھ میں موٹا ڈنڈا ۔

جیسا کہ میں پہلے ہی بتا چکا ہوں باگیوں کا پوری طرح سپھایا ہو چکا ہے ۔ میرا مطلب یہ ہے کہ یہاں کے پھساد ابھی پوری طرح نہیں پھیلے

اس وکت بہت سے واقعات اور اَن گنت وارداتیں ایسی تیجی سے ہو رہی ہیں کہ ہر چیج ٹہری ٹھٹھری ہوئی ہے ۔ کیپھیت کچھ ایسی ہے کہ اگر جور کی ہوا بھی چلے تو پتہ نہ چلے ۔ کل ڈاک کی تیجی سے چلتی ریل گاڑی کو لوٹ لیا گیا ۔ لیٹروں نے ڈاک کے سب تھیلے ریل میں وزن کم کرنے کے لئے واردات کی جگہ پر ڈال دیئے ۔ اتیپھاک سے پوری گاڑی میں کوئی مانس نہیں تھا، نہ کوئی مسافر، نہ ڈاک کے کرمچاری اور نہ ہی انجن چلانے والے ۔ اس لئے بے چارے لیٹرے آخر کس کو اور کیا لوٹتے ؟ کھالی ہاتھ لوٹ گئے ۔

پرسوں باگیوں کا ایک جتھا بڑے بڑے جھنڈے اونچے کئے سوکھے لال جی کی کوٹھی کی طرپھ حمل کے ارادے سے بڑھ رہا تھا ۔ ان کے پاس کوئی ایسا نشان نہیں تھا جس سے جاہر ہوتا کہ باتن میں وہ کون ہیں ۔ یہ لوگ نہایت گم سم پوری کھاموشی سے کوٹھی کی طرپھ بڑھ رہے تھے ۔ البتہ اس جتھے کے بہت سے لوگ ڈھول پیٹ رہے تھے، باج بانسری بجا رہے تھے اور کچھ پھلپلی سنگیت گا رہے تھے ۔ ہر طرپھ پورا سناٹا چھایا ہوا تھا جس کو سن کر محلے کی عورتیں اور بچے اپنے اپنے گھروں سے باہر نکل آئے اور اپنے اپنے کان نکال کر سننے لگے ۔ دانت نکالنے کی کسی نے جرأت نہیں کی ۔ ۔ لیکن سوکھے لال جی کوٹھی کے برآمدے میں آ کھڑے ہوئے اور مائیکروپھون پر باگیوں سے مکھاتب ہوئے :

" مورکھو، سرپھرو، باگیو ۔ کیوں پھجول اپنا ٹائم نشٹ کر رہے ہو میرا ٹیم بھی تمہارے جھنجھٹ سے کھراب ہو رہا ہے ۔ میں اسپیکر نہیں ہوں کہ باتوں میں وکت جائع کروں ۔ سپیکر تو سردار ڈھلوں ہیں اور سرداروں میں سب سے بڑے سردار ولبھ بھائی پٹیل تھے ۔ جب وہ گجر گئے تو ان

کی ارتھی پر ہجاروں لاکھوں پھول چڑھائے گئے تھے۔ پھولوں میں سب سے عمدہ پھول غلاب کا ہوتا ہے۔ غلاب کا پھول جواہر لال جی کی شیروانی پر ہمیشہ ٹانکا رہتا تھا۔ غلاب کے پھولوں سے غلکند بنائی جاتی ہے۔ یہ ایک ایسی دوائی ہے جس سے پیٹ درد سے اُٹھنے والی دوہائی دُور ہو جاتی ہے۔ معدہ بالکل ساپھ ستھرا ہو جاتا ہے۔ در اصل ہاجمہ ٹھیک نہ ہونا سب بیماریوں کی جڑ ہے اور جڑی بوٹیوں میں سب سے اہم جڑی سنجیوی بوٹی تھی جس کو ہنومان جی لکشمن جی کی جندگی بچانے کے لئے پربت سمیت لے آئے تھے۔ پربتوں میں سب سے بڑا پربت ہمالیہ پربت ہے۔ ہمالیہ پربت کے پیچھے چینی بستے ہیں۔ اور چینیوں میں سب سے اچھی چینی وہ ہے جو سپید اور میٹھی ہو۔ اس چینی کا بھاؤ آج کل بہت چڑھا ہوا ہے۔ باگیو! بھاگ جاؤ۔ نہیں تو آٹے دال کا بھاؤ بھی بڑھا دوں گا اور تمہارے ناکوں سے چنے چبواؤں گا۔"

باگیوں نے سوکھے لال جی کی بات نہیں مانی اور کوٹھی کی ترپھ بڑھنے لگے مکابلہ کے لئے ہمارے پاس بہت کم سنتری تھے جو بڑے مجے سے سنترے کھا رہے تھے۔ دھپتر کے چپراسی اس کھاموشی سے پھائدہ اٹھا کر سوکھے لال جی کی کوٹھی کی چھت پر بیڑیاں اور ماچس لے کر جا بیٹھے اور وکت کی نجاکت کے لحاج سے تاس کھیلنے میں مصروپھ ہو گئے۔ ہم لوگ بھاگنے کی کیپھیت میں پہنچ چکے تھے اور اگر ہمارے کدم کسی وجہ سے رکے ہوئے تھے تو وہ اس بحث کی وجہ سے کہ سر پر پگ رکھ کر بھاگیں یا پگ پر سر۔ اس حالت میں جب ہمارے آدھے سے جیادہ جوان سنتروں کے ساتھ گولیاں بھی کھا کر موت کی نیند سو گئے تو اس وکت ہمارے سب جوان اُٹھ کھڑے ہوئے اور اِدھر اُدھر ٹہلنے لگے۔

کھوس کسمتی سے حمل کرنے والے باگیوں کے پاس بندوکیں نہیں تھیں سوائے گنّے کی مشینوں، تلواروں اور نیجوں کے ان کے پاس کوئی ہتھیار نہیں تھے اور وہ بالکل نہتے تھے ۔ چونکہ ہمارے پاس وا بھر مکدار میں بارود توپیں تھیں ہم نے سب باگیوں کے سرکاٹ لیئے سوائے ان کے جو آسانی سے اِدھر اُدھر کھسک گئے ۔ کچھ پھسل کر گندی نالیوں میں گر پڑے اور ایسی چیکھ چہاڑ مچانے لگے کہ فِجا میں سوائے کھاموشی کے کچھ اور نہیں سنائی پڑتا تھا ۔

جب ہم لوگوں نے گور سے حالات کا جائجا لینا شروع کیا تو یہ بات بڑی کھوبی سے جاہر ہو گئی کہ ہر ایک نے مکھتلپھ رنگوں کی وردیاں پہن رکھی تھیں، مگر سب کے سب لوگوں کی وردیاں نیلے رنگ کی تھیں ۔ جب ہم لوگوں نے ان کی تلاشی لی تو پتہ چلا کہ ان کے کھترناک نیجے اِدھر اُدھر پڑے ہوئے ہیں جن کے سرے پر نوکیں نہیں تھیں ۔ ادھیکش جی ! اگر آپ چاہیں تو ان کو ڈنڈے کہہ لیں مگر سوکھے لال جی کے کھیال میں یہ نوکوں کے بگیر نیجے ہی تھے ۔ ان کے ایک بڑے تھیلے میں بالکل کھالی بوتلیں ملیں جو پانی سے بھری ہوئی تھیں ۔ اس جتھے کی ایک لشٹ بھی ملی جس میں ٹامل ناڈو نام ہندی میں لکھے تھے ۔

اب کوٹھی کے چاروں طرف یعنی کوٹھی کے سامنے اور پیچھے ہتھیار بند پھوج لگادی گئی ہے اور میں یہ رپورٹ آپ کو بہت جلدی میں بیٹھ کر کھڑے کھڑے لکھ رہا ہوں ۔ اگر حالات کے بیان میں کسی قسم کی کمی لگے تو اس کی وجہ روشنائی کا سوکھاپن اور میری پیاس ہے جو دوپہر سے وسکی نہ ملنے کی وجہ سے پیدا ہو گئی ہے ۔ ادھیکش جی یہ وسکی بڑی اچھی چیج ہے ۔ آتے ہوئے آپ کے لئے بھی لیتا آؤں گا، بڑے مجے کی چیج ہے ۔ ٹھرا

اس کے سامنے کوئی چیج نہیں ۔ مجھے تو پوجیہ پتا جی ! اب پانی بھی اچھا نہیں لگتا ۔ انگریج بڑے قابل لوگ ہیں ۔کیسی بڑھیا چیج بناتے ہیں ۔ اگر آپ اجاجت دیں گے تو ہم بھی ایک دو بھٹیاں لگالیں گے اور وسکی بنانے کی کوشش کریں گے ۔ ایک کاٹیج انڈسٹری کائم کریں گے ، بڑا نیچھا ہوگا ۔ سوت کاتنے اور کھادی بنانے میں کوئی پھائدہ نہیں ۔ اگر وسکی سارے ملک میں بننے لگے تو جن پرانتوں میں پانی کی کمی ہے وہ اس سے پوری کی جاسکتی ہے ۔آپ اپنے اگلے ویکھیان میں اس کی چرچا کیجیئے ۔

سوکھے لال جی آج صبح مجھے بتا رہے تھے کہ ان کی ریاست میں جو بیل پیدا ہوتے ہیں اور جو ریاست میں ہی پل کر بڑے ہوتے ہیں، دراصل " بھارین " سے لائے جاتے ہیں ۔

اب باگیوں کی سجا کی بات سنئے ۔ سوکھے لال جی کہتے ہیں کہ جن باگیوں کو کید کی سجا دی جاتی ہے ان کی گنتی اتنی بڑھ گئی ہے کہ شہر کی پرانی جیل ان کی کھپت کے لئے بالکل ناکاپھی ہے ۔ پھِل حال انتجام یہ ہے کہ کانون کے ماپھک ان کھائیوں کو جن کو عدالتوں سے سجا ملتی ہے اور جو ان میں سے جیل میں نہیں رکھے جاسکتے ان کے جسموں کو پہلے سر سے علٰحدہ کرلیتے ہیں اور پھر ان کو زمین تلے سجا کی مدت تک سجا بھگتنے کے لئے گاڑ دیتے ہیں تاکہ ان کو دم لینے میں تکلیپھ نہ ہو اور وہ سجا کی مدت آرام سے گزاریں ۔

نئی جیل بنانے کے لئے کھجانے میں روپیہ نہیں ہے ۔ کہتے ہیں کہ اس اپھرا تپھری کی حالت میں کھجانہ کھترے میں تھا ' اس لئے سوکھے لال جی اور ان کے نجدیک والوں نے سب رکم آپس میں بانٹ کر حپھاجت سے رکھ لی ہے اور سوکھے لال جی نے بگیر لاگت کے نئی جیل بنانے کی ایک بڑی اچھی یوجنہ بنائی

ہے جو یہ ہے ؛

- ایک نئی جیل پرانی جیل کی جمین پر بنائی جائے جو پرانی جیل سے بہت بڑی ہو ۔
- نئی جیل کے لئے اینٹ، پتھر، چونا، سمنٹ وغیرہ پرانی جیل کو توڑ کر نکالا جائے اور اسی مسالہ سے نئی جیل بنائی جائے ۔
- اور پرانی جیل کو اس وقت تک کام میں لایا جائے جب تک کہ نئی جیل بن کر پوری ترا تیار نہ ہو جائے ۔

یہاں کی اسپراتیھری ایسی ہے کہ مجھے بھروسہ نہیں کہ یہ کھت آپ کو ملے یا نہ ملے مگر آپ سے یہ درکھاست ہے کہ مجھے اس کھت کے ملنے کے بارے میں جرور کھبر دیں ۔

نوٹ : میرے چار جوڑے کپڑوں کے درجی کے پاس ہیں ۔ اگلا کھت ان کو پہن کر لکھوں گا ۔ کوئی گلتی ہو گئی ہو تو ماپھ کر دیں ۔

آپ کا کھادم

گلاٹا رام

کیا کیا نہ کیا عہدے کے لئے !

جس زمانے میں ہم عہدے کی تلاش میں نکلے تھے اس وقت ملک ابھی آزاد نہیں ہوا تھا اور امتحانوں میں نقل مارنے اور چاقو چلانے کی آزادی نہیں تھی اور طلبا سوالوں کے جواب کی تلاش میں " فارن ایڈ " فراہم کرنے کے لئے پانچ پانچ منٹ کے وقفے سے باتھ روم کا رُخ نہیں کرتے تھے۔ چنانچہ اس دقیانوسی دورِ زندگی میں تعلیم کی دولت حاصل کرلے میں ہم اپنی اُٹھتی جوانی سے ہاتھ دھو بیٹھے۔ توانائی اور بینائی آدھی گھٹ گئی ہو گئی۔ لیکن پھر بھی ڈگریوں کے بل پر دل میں ولولے اور دماغ خلاؤں میں پرواز کرتا تھا۔ ہمارا خیال تھا کہ عہدہ پانے کے میدان میں ہم ملازمت دینے والوں کے محبوب اور جنسِ مرغوب بن گئے تھے۔ انگلستان سے لوٹنے کے بعد کچھ عرصہ ضیافتوں، ملاقاتوں اور مختلف

قسم کی رنگ ریلیاں منانے میں گزر گیا اور کچھ ہم نے اس مقدمے کی توثیق میں گزار دیا کہ وقت گزرتے دیر نہیں لگتی: لیکن والدین کو یہ جاننے میں کہ ہم کیا کر رہے تھے مطلب یہ کچھ نہیں کر رہے تھے، دیر نہیں لگی۔ اور انہوں نے میاں صاحبزادے کو بڑی خوبی سے آشنا کر دیا کہ وہ ان کی پیری کا عصا بننے کے لئے کچھ نہیں کر رہے تھے۔ چنانچہ جن ہوائی قلعوں کی تعمیر ہم خیالوں کی دنیا میں کر چکے تھے ان کی تلاش میں نکل پڑے۔

ملازمت کے لئے ہماری درخواستیں فصاحت و بلاغت کے انمول نمونے ہوا کرتے تھے مگر تول میں یہ کبھی پوری نہیں اُتریں، اور اُترتیں تو ہمیں ایک پیٹرنگ بھی پراپت نہیں ہوا۔ تلاشیں راہگار میں، نو ویکنسی اُنہیں درکار سنتے سنتے ہم بے بس و لاچار ہو گئے۔ رفتہ رفتہ ہمارے تمام ولولے متزلزل اور ہمارا سارا جوش و خروش خواب خرگوش ہو گیا اور چونکہ اس تنگ و دوں میں جس مسافت اور جن منزلوں سے ہمیں گزرنا پڑا انہیں ہم اکثر و بیشتر دو منزلہ بسوں میں یا پیدل ہی طے کرتے تھے۔ اس لئے ہمارے تمام ولایتی جوتے گھس گئے اور انگلستان کے سلے ہوئے راستوں کی گرد، موسمی اور بے موسمی بارش، اور جسم کے گاڑھے پسینہ کی کھپت سے کباڑی کی دکان کا سامان بن گئے۔ شکل و صورت کے اعتبار سے بھی ہم کیمبرج کے ڈبل گریجویٹ نہیں بلکہ کسی نان فروش یا چھابڑی بردوش کی ایسی اولاد نظر آتے تھے جس نے پیشہ لوفری کا اختیار کر لیا ہو۔ قصہ مختصر گو ملازمت کا ابھی تک ہمیں کوئی ٹھکانہ معلوم نہ ہوا تھا مگر ہمارے ہوش ٹھکانے آ گئے تھے۔

ایک وقت وقت بلکہ کئی وقت ہم پر ایسے آتے جب ہم الف لیلیٰ کے کسی عاشق میں گرفتار اور جدائی میں بیقرار شہزادے کی طرح قصد خودکشی پر آمادہ ہو گئے تھے مگر مرنا بھی کوئی آسان کام نہیں اور پھر تقدیر میں ابھی آزاد ہند وستانی بنا دو

موجودہ دورِ گرانی میں سرگرداں رہنا لکھا تھا۔ اس لئے ہم جہاں پاک بھی نہ کر سکے ہمارے تعلق سے اب چہ میگوئیاں بھی شروع ہو گئی تھیں۔ محلے والے اور خاص طور پر محلہ والیاں جب چولھے چوکے سے فارغ ہو کر مل بیٹھتیں تو انگلیاں ہلاتے، کانوں کی بالیاں تھرکاتے اور آنکھیں مٹکاتے یہ کہنے سے بھی دریغ نہ کرتی تھیں کہ "فلاں صاحب کے لونڈے نے ماں باپ کی ساری کمائی تو انگلستان میں گنوائی اور گھر کو آئے تو گنوار کے گنوار۔ کوئی نوکری دینے کے لئے نہیں تیار۔ نہ معلوم بہن، کیا بھاڑ جھونک کر آئے ہیں، گال پچک کر گولیاں کھیلنے کی گتیاں بن گئے ہیں۔ آنکھوں سے وحشت برستی ہے۔ کمر خمیدہ اور عمر رسیدہ نظر آتے ہیں"۔

یہ ہماری زندگی کا سب سے منحوس زمانہ تھا۔ نہ معلوم ہمارے ستارے کیوں ہمیں ستانے پر تُلے ہوئے تھے۔ ایک مرتبہ تو یہ جاننے کے لئے کہ آیا ہماری قسمت میں کوئی ستارہ تھا بھی یا نہیں ہم نے اپنی پان بیڑی کے اخراجات میں کفایت برت کر ایک نجومی کو اپنا ہاتھ بتلایا۔ ریکھاؤں کو دیکھ کر موصوف نے ارشاد فرمایا کہ "بچہ تیری ریکھائیں تو بڑی اچھی ہیں۔ ہاتھ میں دولت بھی ہے مگر مفلسی زیادہ ہے" اور پھر جب منگل کی وَشا دور کرنے کے لئے وہ ہمارے سال بھر کا پان بیڑی کا الاؤنس اینٹھنا چاہتے تھے تو ہم نے اپنا ہاتھ معہ اس کی اچھی ریکھاؤں کے ان کی گرفت سے کھینچ لیا اور وہاں سے ایسی پھرتی سے پھر ہو گئے جیسے اس دورِ بیکاری میں اچانک کسی قرض خواہ کو سامنے سے آتا دیکھ کر ہوا میں تحلیل ہو جانے کے ماہر ہو گئے تھے۔

ایک دن ہمارے خاندان کے ایک خیر خواہ کہ جن کا پیشہ سوگُشت سے نوابی کرنا تھا ہمارے گھر تشریف لائے۔ ہماری زبوں حالی سے بڑے متاثر ہوئے دریافت فرمانے پر جب ہم نے بتلایا کہ یہاں سے ایم اے اور کیمبرج سے قانون

اور تاریخ میں ٹرائی پوس پاس گئے تھے تو ران پر ہاتھ مارتے ہوئے کہنے لگے "بس میں سمجھ گیا کہ آپ کو کیوں کوئی عہدہ نہیں ملا۔ میاں آپ کو بی اے پاس کرنا چاہئے تھا ان کیمروں اور فرائی پینوں کو کون پوچھتا ہے۔" ہم نے اپنی غلطیوں کا اعتراف کیا اور باہر جاکر سر پیٹ لیا۔

بہرحال جب ہماری قسمت آزمائی اور دفتر پیمائی کوئی پھل نہ لائی اور ہماری ہر تدبیر بے سود اور ہر راہ مسدود نظر آئی تو بارگاہِ الٰہی سے ہماری ملاقات ایک گرگ باراں دیدہ سے عمل میں آئی جنھوں نے عہدہ تک رسائی کی راہ بتائی اور ان سے ہم نے صحیح قسم کی تعلیم پائی۔

اب ہمیں بخوبی معلوم ہو گیا کہ عہدہ پانے کے لئے تعلیم خواہ صفر ہو مگر انسان کو صفر۔ صفر سات قسم کا سراغرساں ہونا چاہئے۔ سب سے پہلا راز جو ہمیں دریافت کرنا تھا وہ یہ تھا کہ کس کس محکمہ میں کون سے عہدے خالی ہیں۔ ملحوظ رہے کہ یہ حقیقت سرسری دریافت سے کبھی عیاں نہیں ہوتی۔ بہرحال یہ راز معلوم کرلینے کے بعد اس کی تحقیق بھی لازم ہے کہ حکام مقتدر کا کوئی سالا یا سالے تو بے کار اور بے روزگار آس پاس نہیں منڈلا رہے ہیں۔ اگر ایسا ہو، یعنی کسی عہدہ دار کا منظورِ نظر سالا بھی تلاش عہدہ میں موجود ہو تو اس میدان سے عدم وجود ہو جانے میں ہی بھلائی ہے۔ البتہ اگر میدان صاف ہو، تب بھی سالے صاحب کو پیش نظر رکھنا چاہئے کیونکہ سالے کا سالا بھی تو آپ کے درمیان حائل ہو سکتا ہے۔ بہرحال اگر سب سالے پہلے سے برسرکار ہوں تب بھی ان کو کھلا پلا کر اپنی موافقت میں کرلینا چاہئے۔ کیونکہ یہ مہرے گو بادی نظر میں پیادے معلوم ہوتے ہیں مگر ان کی مار بڑی گہری اور ذی اثر ہوتی ہے اور یہ شاہ اور رانی کو بھی مات دے سکتے ہیں۔

اس کے بعد صاحب مقتدر کی رگ رگ سے واقف ہونا ضروری ہے

اگر ان کو باغبانی کا شوق ہو تو آپ گرافٹنگ کے ایسے گُر سیکھئے کہ صاحب تک رسائی حاصل کر کے ان کے باغ کو گلزار بنا دیجئے۔ پتے چھانٹنے کی عمدہ قینچی ہمیشہ جیب میں رکھئے۔ کمیاب بلکہ نایاب پھولوں کے پودے کہیں سے مہیا کیجئے اور ان کے باغ میں لگا دیجئے۔ پودوں کو پانی دینے کی ترکیبیں انھیں سمجھائیے اور عملی طور پر اس کا مظاہرہ کرتے ہوئے ان کے باغ کے ایسے مالی بن جائیے جو یہ کام اپنے گھر میں جگہ نہ ہونے اور محض پھولوں سے عشق ہونے کی وجہ سے کر رہا ہو۔ رفتہ رفتہ آپ کی اُمیدوں کی کلیاں خود بہ خود کھل جائیں گی۔

اگر صاحب کتوں کے شوقین ہیں تو دن رات کتوں پر مستند کتابیں پڑھ کر اور حیوانات کے ہسپتال کے متواتر چکر کاٹ کر "ایم ڈی" یعنی "ماہر ڈاگز" بن جائیے۔ صاحب کے کتے سے دوستی پیدا کیجئے اور اگر اس کتے کا مزاج لڑکپن سے عاشقانہ رہا ہو تو محترمہ سے بھی ربط قائم کیجئے۔ رقیب روسیاہ کے جانی دشمن بنے رہیئے۔ مختلف قسم کی سیٹیاں بجانا سیکھئے۔ کتوں کو نہلانے اور بہلانے کی ترکیبیں۔ ان کے دانت صاف رکھنے کی کارروائیاں، قبض کشا دوائیاں اس کے لئے خوب صورت چھوٹی چارپائیاں، اس کے بال ملائم اور چمکدار بنانے کے نسخے، اس کو اچھوتے کرتب سکھانے کے ڈھنگ، اس کو موزوں ورزش کرانے کی تدابیر، بلکہ کتے کو سیر کرانے کے لئے صاحب کی اجازت حاصل کیجئے۔ اور دن میں دو مرتبہ اس کام کو بڑے اشتیاق سے اور بلا کسی تھکان کے انجام دیجئے۔ کتے کو اپنے بس میں ایسا کر لیجئے کہ جس طرح پرانے وقتوں کے جادوگر پریوں کو اپنے دام میں لے آتے تھے۔ جیب میں کتوں کے بسکٹ ہمیشہ رکھئے اور اپنی بیروزگاری کی بیماری کو دور کرنے کی دوائی کے طور پر کتے کو ایک ایک بسکٹ دن میں تین مرتبہ چار چار گھنٹوں کے وقفہ سے کھلائیے، یقیناً آپ کا روگ دُور اور

آپ کو دُور ہی سے دیکھ کر صاحبِ مقتدر اپنی دم ہلانے لگیں گے

اگر ان داتا کو سیر کرنے کا جنون ہو تو پھر تو معاملہ اور بھی آسان ہو جاتا ہے۔ آپ بھی سیر کے مجنونِ اعظم بن جایئے اور اپنے سیر کرنے کا وقت اور راستہ وہی اختیار کیجیئے جو ہونے والے رازق کا ہے۔ اور جلد ہی ان کی سیر کے ساتھی بن جایئے۔ پابندی سے صاحب کے ساتھ قدم ملا کر چلیئے مگر آدھ قدم ان سے پیچھے ہی رہیئے تاکہ ان کی اردلی میں رہنے کا تصور موصوف کے ذہن میں جم جائے۔ ان کی اس عادت کی داد دیجیئے، ان کے جسم کی تعریف کیجیئے۔ اگر جسم متناسب ہے تو مبالغہ آرائی کی ضرورت نہیں۔ اگر وہ موٹاپے کا شکار ہیں تو ان کو بتلایا جا سکتا ہے کہ کس طرح اس ہر روز کی ورزش سے ان کی تندرستی برقرار ہے۔ تندرستی جو کہ ہزار نعمت ہے۔ یہ بھی کہیئے کہ وہ مرد ہی کیا جو جسم اور جثہ کے اعتبار سے بارعب اور اعلیٰ عہدہ دار نہ نظر آئے۔ نرم و نازک جسم تو صنفِ نازک ہی کو زیب دیتا ہے اور وہ انسان ہی کیا جو زور سے ہوا چلے تو لڑکھڑانے لگے اور کپڑے پہنے تو معلوم ہو کہ کھونٹی پر ٹنگائے ہوئے ہیں۔ اگر صاحب دبلے ہوں تو پھر دبلے پن کی خصوصیات کا ذکر کیجیئے۔ دبلا پتلا انسان نہایت چاق و چوبند، تیز و طرار اور پھرتیلا ہوتا ہے، تھکنا نہیں۔ دبلے جسم پر کپڑے کیا زیب دیتے ہیں، بڑی توند والا آدمی بھدا، پھوہڑ، کاہل الوجود، سست گام اور بے ہنگام ہوتا ہے نازیبا لٹو، مٹکا ڈھول، گول مٹول اور ہمیشہ ڈانواں ڈول رہتا ہے۔

بہرحال کامیابی حاصل کرنے کے یہ چند نسخے نموتاً پیش کئے گئے ہیں۔ طبع انسانی بڑی وسیع ہے۔ بعضوں کو شعر و شاعری کا شوق ہوتا ہے، بعض محض حقہ کے شیدائی تو بعض ستار کے پرستار۔ پھر صاحب کا جنم دن بڑی کام کی چیز ہے۔ ان کی بیگم اور بچوں کے جنم دن، ان کی شادی کی سالگرہ کی تاریخ، علم تاریخ

کی تاریخوں سے ان تاریخوں کی یاد عہدہ پانے کے لئے بڑی اہمیت رکھتی ہے۔
ان کے علاوہ بیگم صاحب کی گھریلو ضروریات مثلاً ہرا بوٹ، سُرخ مرچیں، پیلے کابلی چنے، لال اردو، بھوری املی، شربتی گیہوں اور پرانے باریک چاول۔ بعض مرتبہ ان کی فراہمی جادو کا اثر رکھتی ہے۔

خیر صاحب! خدا خدا کر کے اور کیا کیا نہ کر کے ہم نے بھی عہدہ حاصل کر ہی لیا۔ اب آپ یہ نہ پوچھئے کہ ان تیر بہدف نسخوں میں سے ہم نے کس کا آسرا لیا تھا کیونکہ یہ معاملہ بالکلیہ ذاتی ہے اور اس کا اظہار ہم مناسب نہیں سمجھتے۔ البتہ یہ بتا دینا چاہتے ہیں کہ محض عہدہ پالینا ہی منزلِ مقصود پر پہنچ جانے کے مترادف نہیں۔ اس عہدہ کی برقراری کے لئے بھی سالوں کا ساتھ برقرار اور صاحب کے جنم دنوں کے دن خوشیاں منانے میں اپنا جنم دن بلکہ اپنا جنم تک بھول جانے کی ضرورت ہوتی ہے۔ اس کے علاوہ صاحب کی تجاویز کی تعریف و توصیف ایسی ہونی چاہئے کہ جیسے مرزا غالب کے اشعار کہ ایک لفظ بھی اپنی جگہ سے ہل نہیں سکتا۔ ان کی تحریر کی خوبیاں، ان کے چھوٹے بڑے دستخطوں کی خوب صورتی، حروف کے خم جیسے زلفِ یار کے کنڈل، ان کے لباس زیبِ تن کرنے کے اسلوب، میٹنگس میں گفتگو کرنے کا سلیقہ، جلسوں میں مدلل تقاریر کرنے کا طریقہ، کوئی ایک بات ہو تو بیان کی جائے۔ البتہ اگر اس آج کی بات کو ختم ہی کرنا ہو تو بقولِ شاعر یہ ضرور کہا جا سکتا ہے کہ ؎

شوقِ لیلائے سول سروس نے،
اتنا دوڑایا، لنگوٹی کر دیا پتلون کو

نقلی پنجابی[1]

اب آپ اسے ریڈیو والوں کی ستم ظریفی کہئے کہ میرے نام کی بنا پر مجھے پنجابی سمجھتے ہیں۔ اس میں کوئی شک نہیں کہ خاکسار ولدیت کے اعتبار سے اس پنجاب کا ہے جو تقسیم نہیں ہوا تھا۔ مگر سکونت اور ملازمت کے اعتبار سے حیدر آباد کا ملکی، جس کے وجود اور لبقا کو سپریم کورٹ بھی تسلیم فرما چکا ہے۔ مگر ان حقائق کے باوجود یہ ایک عجیب بات ہے کہ اگر میں پنجاب جاتا ہوں تو اس زرخیز خطہ کے لوگ میری شکل و شباہت اور عادات و خصلت کو دیکھتے ہوئے مجھے پنجابی تسلیم کرنے پر ناک بھوں چڑھانے لگتے ہیں۔ اور یہ بھی درست ہے کہ جب وہ بڑے پیار سے مجھ سے ہاتھ ملاتے ہیں تو شوق ملاقات کی شدت سے میرے ہاتھ کی انگلیوں میں خون منجمد ہو جاتا ہے اور منہ سے

---

[1] "نقلی" کا لفظ ہم نے یہاں "نقل مقام" کرنے والے کے معنے میں استعمال کیا ہے۔

"ہائے مرا" نکل آتا ہے ۔ اور اس پر جب وہ مزید تپاک کا اظہار فرماتے ہوئے میری پیٹھ تھپتھپانے لگتے ہیں تو پہلی ہی تھپ سے میں لڑکھڑاتا ہوا چھ قدم دُور جا کر بمشکل رُک پاتا ہوں ۔ اور اس واقعہ سے گو پیٹھ تھپتھپانے والے کی زد سے تو باہر ہو جاتا ہوں مگر آنکھیں نم ہو جاتی ہیں، دماغ میں کچھ کیفیت چکر کی سی پیدا ہونے لگتی ہے اور سر کے اطراف تارے پھوٹ پڑتے ہیں اور وہ کہہ اُٹھتے ہیں کہ "ہم نے تو نام سے تم کو پنجابی سمجھا تھا مگر یار ؎

سنگ سمجھے تھے جسے موم کا پُتلا نکلا

اب بتاؤ کہ تمہیں مرد کہوں، مردہ یا مردود ــــ ؟ اور یہ کہہ کر اپنی بات پر خود ہی ایسا فلک شگاف قہقہہ لگاتے ہیں کہ میرے کانوں کے پردے پھٹنے لگتے ہیں ۔ مختصراً یہ کہ کسی پنجابی سے مل کر اس کو مسرّت اور مجھ کو عبرت حاصل ہوتی ہے ۔ اور میں کسی غیر پنجابی ڈاکٹر کی تلاش، علاج کے لئے اس لئے کرتا ہوں کہ اگر کسی پنجابی ڈاکٹر کے پھندے میں پھنس گیا تو ممکن ہے کہ وہ میرا خیر مقدم ہاتھ ملا کر اور پیٹھ تھپتھپا کر کرے اور مرض جس کا علاج کرانا مقصود ہوتا ہے لاعلاج نہ ہو جائے ۔

جہاں یہ درگت اس نازک مزاج کی پنجاب میں ہوتی ہے، آندھرا پردیش میں اس کو ناک نقشہ اور زبان کے اعتبار سے شبہ کی نظر سے ہی دیکھا جاتا ہے کہ اکی ہر شئے اصلی نہیں ۔ الغرض کیفیت یہ ہے کہ پنجاب میں حیدرآبادی، اور حیدرآباد میں پنجابی سمجھا جاتا ہوں ۔ مگر سچ پوچھئے تو میں نہ حیدرآبادی ہوں، اور نہ پنجابی ۔ بلکہ آپ مجھے ایک ہندوستانی سمجھئے ۔ ستلج، بیاس، راوی، چناب اور جہلم نامی پانچ دریاؤں نے مل کر "پنج آب" نام کو جنم دیا تھا ۔ ان دریاؤں کا علاقہ نہایت زرخیز ہے ۔ اس میں بسنے والے لوگ نہایت محنتی،

جفاکش اور مخلصانہ خصلت کے حامل ہیں ۔ دیہاتوں میں مہمان نوازی کا جذبہ بدرجۂ اتم کارفرما رہتا ہے ۔ ان خصوصیات سے جو نظریۂ زندگی پنجاب کے لوگوں میں نہایت واضح اور نمایاں ہے وہ ان کا ہشاش بشاش پن ہے ۔ فکرِ فردا انھیں نہیں ستاتی ۔ وہ زندہ دلی کے قائل اور زندگی کو ہنسی خوشی سے گزارنے کی طرف مائل رہتے ہیں ۔ یہی وجہ ہے کہ ملک کی تقسیم کے بعد جو پنجابی پنجاب چھوڑ کر ملک کی مختلف ریاستوں میں جا بسے تھے ، انھوں نے اپنی ہمت ، منچلے پن ، جرأت ، محنت ، مستقل مزاجی ، مہم جوئی اور اپنے عزائم پر بہرصورت جمے رہنے کی خوبیوں کی وجہ سے اور اپنے مخلصانہ برتاؤ سے پناہ لینے کے مقاموں میں اپنے لئے باعزت مقام حاصل کر لیا ہے اور فارغ البال ہیں ۔ اس کے علاوہ بہت سے پنجابی لوگوں نے مغربی ملکوں میں بھی اپنی محنت اور کارکردگی کی وجہ سے عزت اور احترام کی جگہ حاصل کر لی ہے اور مستقل طور پر وہاں بس گئے ہیں ۔

میں دراصل سری نگر میں پیدا ہوا تھا اور میرا بچپن جموں اور کشمیر میں گزرا ۔ مجھے ان بھولے بسرے دنوں کے صرف دو واقعات یاد ہیں :

جموں سے کشمیر جانے کا راستہ تقریباً دو سو میل پہاڑی سڑک پر مشتمل ہے یہ راستہ لاریوں اور موٹر گاڑیوں کے ذریعے میرے بچپن کے دو دنوں میں طے کیا جاتا تھا ۔ راستہ پر پڑاؤ ہیں جہاں مسافر رات کو سونے کا انتظام بھی کرتے ہیں ۔ ایک مرتبہ ہم ایک پڑاؤ پر ٹھہرے ٹھہرے رہے تھے ۔ بلا کی سردی تھی ۔ ایک مسافروں بھری لاری اور آئی اور ان میں سے ایک پنجابی مسافر نے تندورئیے سے کہا : " میرے لئے پانی گرم کر دو میں نہانا چاہتا ہوں ۔"

تندورئیے نے کہا : " صاحب بہادر ، پانی کے لئے نیچے دریا تک جانا پڑتا ہے اور وہاں سے پانی لاتے ہوئے آدمی مر جاتا ہے ۔"

اس پر پنجابی مسافر نے کہا : " تم بالکل سچ کہتے ہو۔ ہم کو آتے ہوئے کچھ لوگ مرے ہوئے دکھائی دیئے تھے۔ جب ہم نے ان سے پوچھا کہ ان کی موت کس طرح اور کیوں کر واقع ہوئی تو کہنے لگے کہ جناب ۔ دریا سے پانی لاتے ہوئے مر گئے ہیں تب۔ یہ لطیفہ سننے کے بعد تندورئیے نے مزید اعتراض یا احتجاج نہیں کیا بلکہ فی الفور پانی منگوانے اور گرم کرنے کا بندوبست کر دیا۔

اسی طرح ایک اور مرتبہ میں ایک پنجابی دوست کے ساتھ کشمیر سے جموں آ رہا تھا۔ میرا دوست صبح ہی سے پیچش اور پیٹ کے درد کی شکایت کر رہا تھا جب ہم پڑاؤ پر پہنچے تو میں نے اس کو مشورہ دیا کہ وہ فاقہ کرے۔ کہنے لگا : "ارادہ تو میرا بھی یہی ہے"۔ مگر جب میں کھانا کھانے لگا تو موصوف نے بھی کھانا منگا کر کھانا شروع کر دیا۔ جب دو روٹیاں اس کے پیٹ میں اتر گئیں تو کہنے لگا " پیٹ کا درد شاید بھوک کی وجہ سے پیدا ہو گیا تھا۔"

پنجاب کی یادوں میں جس زمانے کی یاد میرے لوحِ دل پر نقش ہے، وہ گورنمنٹ کالج لاہور میں طالب علمی کے دنوں کی ہے۔ لاہور کا گورنمنٹ کالج جہاں سے میں نے بی اے پاس کیا، تعلیم اور کھیلوں کے معیار کے اعتبار سے پنجاب کا سب سے اعلیٰ تعلیمی ادارہ سمجھا جاتا تھا۔ تعلیم کے تعلق سے جو قابل ذکر بات مجھے یاد ہے، وہ یہ ہے کہ جناب پطرس صاحب ہم کو انگریزی پڑھاتے تھے۔ اس کالج کا رسالہ " راوی" ایک معیاری رسالہ تھا۔ کالج کے ہاکی اور کرکٹ کے میدان، ٹینس کے لانز، اور سوئمنگ پول بہترین تھے اور کالج کے بہت سے کھلاڑی کل ہند معیار کے تھے۔ مثلاً ہاکی کے دارا، کرکٹ کے دلاور حسین، اور ٹینس کے رنبیر سنگھ۔

مجھے یاد ہے کہ پنجاب یونیورسٹی کی کرکٹ ٹیم کا مقابلہ بمبئی کی جامعہ

کی ٹیم سے بمبئی میں کھیلا گیا تھا۔ پنجاب یونیورسٹی ٹیم کے لئے کھیلنے کا فخر مجھے بھی حاصل ہے۔ ہماری ٹیم کافی اچھی تھی اور ریل میں تمام راستہ ہمارے کھلاڑی بڑے بڑے منصوبے باندھتے رہے کہ اگر بمبئی والوں کو ایک باری سے نہ ہرایا تو بہت افسوس رہے گا۔ بہرحال جب کھیل شروع ہوا تو بمبئی نے پہلی باری لی۔ کھیل کا آغاز وجے مرچنٹ اور چمپک مہتا نے کیا۔ بہت جلد ہمارے ریل میں بنائے ہوئے ہوائی قلعے مسمار ہونے شروع ہوئے۔ جب اسکور تقریباً اڑھائی سو کے قریب تھا تو چمپک مہتا ڈیڑھ سو دوڑیں بنا کر اوٹ ہوئے۔ وجے مرچنٹ نے دو سو سے زیادہ دوڑیں بنائیں اور اس دن کا کھیل ختم ہونے پر ٹیم کا اسکور چھ سو کے اوپر تھا اور ابھی سب کھلاڑی اوٹ نہیں ہوئے تھے۔ یہ بات غالباً دلچسپی کا باعث ہوگی کہ اس کھیل کے باعث وجے مرچنٹ کا نام روشن ہوا اور وہ بالآخر ہندوستان کے بہترین باری شروع کرنے والے کھلاڑی ثابت ہوئے۔ بہرحال سارے دن کی بھاگ دوڑ ہمارے لئے کچھ ایسی تھی سب کھلاڑی بے دم ہو گئے تھے۔ مگر یقین مانئے کہ رات کا بیشتر حصہ ہم سب نے قہقہے لگاتے گزارا۔ ہر کھلاڑی ایک دوسرے کا منہ دیکھتا اور بغیر کچھ کہے ہنستے ہنستے بے حال ہو جاتا۔ زندہ دلی کا اس سے بہتر مظاہرہ میں نے آج تک نہیں دیکھا۔

ریاست پنجاب ہمارے ملک کا ایک نہایت اہم جزو ہے۔ اس کی اور ہریانہ کی سرحدیں پاکستان سے لگی ہوئی ہیں۔ پاکستانی حملوں کا اثر سب سے پہلے ان علاقوں پر ہوتا ہے۔ ہوائی جہازوں کی بمباری اور توپوں کا رخ اسی طرف ہوتا ہے۔ مگر آفرین ہے وہاں کے لوگوں پر کہ وہ جنگ کے دوران کبھی ہراساں نہیں ہوئے۔ وہ اپنے مختلف کاروبار، کھیتی باڑی وغیرہ بلاخوف کئے جاتے ہیں اس خطہ کی عورتیں بھی جرأت مردانہ رکھتی ہیں۔ ہمارے ملک کی فوجوں کے پنجابیوں

نے مختلف جنگوں میں بڑے کارہائے نمایاں انجام دیئے ہیں اور ہم کو ان پر بڑا فخر ہے۔

پنجاب کے شہر امرتسر میں سکھ مت کے لوگوں کا گرو نانک جی کا سونے کا مندر ہے۔ اس مندر کے قریب ہی جلیان والا باغ ہے جس میں شہید ہونے والے ہندوستانیوں کے داغ قوم کے دل پر ہمیشہ تازہ رہیں گے۔ جنگ آزادی میں مر مٹنے والوں میں بھگت سنگھ اور لالہ لاجپت رائے نے جو نقش چھوڑے ہیں وہ کبھی نہ مٹ سکیں گے۔

پنجاب میں چیل کی پہاڑی پر دنیا کا سب سے اُونچا کرکٹ کھیلنے کا میدان ہے جس کو مرحوم مہاراجہ پٹیالہ نے بنوایا تھا۔ پنجاب کی دھرتی نے علامہ اقبال، کرشن چندر اور وارث شاہ جیسے شاعر و ادیب ملک کو دیئے ہیں۔ ملکہ پکھراج اور سہگل جیسے گلوکار پیدا کئے۔ چغتائی اور شیر گل جیسے مصوّروں کو جنم دیا۔ ہیر رانجھا، اور سوہنی مہی وال کا لافانی عشق بخشا۔ گاما پہلوان جس نے زبسکو کو سات سکنڈ میں میں پچھاڑ دیا تھا، وہ بھی اسی سرزمین کا سپوت تھا۔ ہندوستان کا تیز ترین بولر محمد نثار بھی پنجابی تھا۔ پھر پنجاب نے دنیا کو بھانگڑا ناچ سکھلایا جس کا اگر کوئی جواب ہے تو وہ پنجابی عورتوں کا اسی قسم کا ناچ ہے جسے "گدھا" کہتے ہیں۔

اور اگر آپ اس کے علاوہ کچھ اور بھی جاننا چاہتے ہیں تو ملحوظ رہے کہ پنجاب میں گیہوں بھی پیدا ہوتا ہے جس پر حسینانِ پنجاب کے رُوپ کا نکھار ہوتا ہے اور جس کو کھا کر انسان بیمار نہیں ہوتا۔

"ہندوستانی بال سینا"

بیوی میکے سے واپس آرہی تھیں۔ جس گاڑی سے ان کے آنے کی اطلاع ملی تھی، وہ صبح ساڑھے پانچ بجے اسٹیشن پر پہنچتی تھی۔ ریلوے انکوائری سے دریافت کرکے کہ گاڑی ٹھیک وقت پر آرہی ہے، خادم بالکل ٹھیک وقت پر اسٹیشن پہنچا، مگر اپنی غیر پابندئ وقت کی روایات کو برقرار رکھتے ہوئے اس منحوس صبح گاڑی وقت سے ٹھیک پندرہ منٹ پہلے ہی پدھار چکی تھی۔ بھاگم بھاگ جب میں پلیٹ فارم پر پہنچا تو بیوی سامان سمیت دو تین قلیوں میں گھری میرے وقت پر نہ پہنچنے کی وجہ سے بھبک بن کر اڑ جانے والا مادہ بنی آنکھوں سے شعلے برسا رہی تھیں۔ میں نے اپنی رفتار کو بریک لگایا اور بالکل ان کے قریب پہنچ کر دیر سے پہنچنے کی وجہ بیان کرنے ہی والا تھا کہ بیوی نے گفتار کا آغاز یوں کیا: "ارے او مردوے، میرے اس قدر نزدیک کیوں آرہا ہے کیا پلیٹ فارم پر کھڑے رہنے کے لئے اور جگہ نہیں؟"

ملاقات ہونے پر اس افتتاحی جملے کو سن کر میرے جملہ حواس باختہ اور ہاتھوں کے طوطے، بلکہ فاختے اُڑنے لگے۔ ایک خرانٹ قلی نے بیوی سے کہا: "آج کل غنڈہ گردی عام ہوگئی ہے۔ آپ ذرا ٹھہریئے، میں ابھی پولیس کے آدمی کو بلاکر لاتا ہوں تاکہ علی الصبح عاشقی کا چکر چلانے والے اس سڑک چھاپ غنڈے کو حوالات میں پہنچادے۔" یہ کہہ کر قلی ایک طرف لپک کر جا ہی رہا تھا کہ میں نے اُڑے ہوئے ہوش سنبھال کر قلی کو للکارا کہ "ابے او بکری کی اولاد! زبان کو لگام دے ورنہ حوالات تو میں شاید جاؤں گا ہی مگر تیرا قتل کرنے کے بعد ——!"

بیوی نے میری جو آواز سُنی تو الف لیلیٰ کی کہانیوں کی شہزادیوں کی طرح بے ہوش نہ ہوتے ہوئے اپنی ٹھوس آواز میں بول اُٹھیں: "ٹھہرو! یہ کیا گول مال ہے، اور آپ بھیس بدل کر اسٹیشن پر کیوں آئے ہیں؟ کیا کسی فلم میں بوڑھے ویلن کا رول ادا کرنے کا کام مل گیا ہے؟"

میں نے کہا: "باتیں گھر چل کر ہوں گی۔ پلیٹ فارم پر بیوقوفیوں کا بلا ٹکٹ مظاہرہ ٹھیک نہیں۔" میں نے قلیوں سے سامان اُٹھوایا اور موٹر میں بیٹھ کر انجن چالو کرکے چلنے ہی والا تھا کہ اسی خرانٹ قلی نے آوازہ کسا "کیا زمانہ آگیا ہے، بیوی خاوند کو نہیں پہچانتی۔ اور ایسے ہپی اسٹائل خاوند کو نہ ہی پہچانے تو سکھی رہے گی۔" میں چاہتا تھا کہ موٹر روک کر اس قتل کا ارتکاب کر ہی ڈالوں، جس کی دھمکی میں نے اس قلی کو دی تھی کہ بیوی نے حرفِ آخر کے طور پر یہ کہہ کر گاڑی چلوا دی کہ اب خاکسار مزید بے وقوفی کا مظاہرہ کرنے کی کوشش کر رہا ہے۔

بیوی کے مجھے نہ پہچاننے کی وجہ ان کی بینائی کا فتور نہ تھا، گو ان کی

نظر ضرور کمزور ہے اور وہ اکثر اپنی عینک چھپا کر اس کو ہر وقت نہ لگا رکھنے کی وجہ پیدا کر لیتی ہیں ۔ دراصل بات یہ تھی کہ امور خانہ داری اور بڑھتی ہوئی قیمتوں کو آمدنی کی سمیت میں لانے کی کوششوں سے بیزار اور لاچار ہو کر بیوی مجھے میری آمدنی کے ساتھ میرے حال پر چھوڑ کر چھ مہینے کی نجات حاصل کرنے کے لئے میکے چلی گئی تھیں ۔ ان کی غیر موجودگی میں خاکسار نے گھر کا بجٹ متوازن کرنے کی غرض سے بال کٹوانے کا ارادہ بالکل قطع کر دیا تھا ۔ چھ مہینوں میں میرے بال، نوجوانانِ وطن کے بالوں کی طرح ہو گئے تھے ۔ اس کے بعد ان کو ماتھے پر چھجے کی طرح جما لینا اور کانوں پر اوڑھ لینا بائیں ہاتھ کا کھیل تھا ۔ گل دنبوں کو لمبا کرنے کے لئے صبح شیو کرتے وقت اُسترا کان کی سیدھ کی بجائے جبڑوں کی لائن سے چلانے پر ڈیڑھ ماہ میں یہ ضرورت بھی پوری ہو گئی تھی ۔ اس طریقۂ کار سے نہ صرف حجامت کے صابن کی بچت بلکہ بلیڈوں کی عمریں بھی دراز ہونے لگیں ۔ رہ گئی مونچھیں تو ان کو بھی خادم نے بڑھا کر ایسی تراش کی بنا لی تھیں کہ ان کے کونے میری خاکساری کے ثبوت میں اس طرح نیچے کی طرف جھکے ہوئے تھے کہ چہرے کے ڈائیل پر پانچ بج کر پینتیس منٹ کا وقت بتلاتے تھے ۔

اس طرح جدید صورت بنا کر اور اس خیال کے مدنظر کہ جیسا دیس ویسا بھیس بھی ہونا چاہئے میں نے دو تین پتلونیں اچھے خاصے پھیلے ہوئے بیل باٹم کی سلا لیں ۔ چھ انچ چوڑا کمر بند یعنی بیلٹ اور چھ انچ اونچی ایڑی والے جوتے بھی خرید لئے ۔ ان پر رنگ برنگی نقش و نگار والی قمیص جن کے کالروں کی نوکیں یا گولائیاں شانوں کے باہر تک پہنچ جاتی تھیں لے لیں ۔ ایسے لباس اور جدید صورت میں مجھے بڑی تسکین ہوئی، کیونکہ لوگ اب مجھے حقارت کی نگاہوں سے یا پراچین، فرسودہ اور آثار قدیمہ کا کم قیمت نمونہ نہیں سمجھتے تھے ۔

اب میں ہندوستانی بال سینا یعنی انڈین ہیئر فورس کا ایک باوقار رکن بن گیا تھا۔ اپنے نئے لباس اور جدید صورت میں جب میں ریلوے پلیٹ فارم پر اپنی بیوی سے ملا تو ظاہر ہے کہ وہ یہ نہیں جان سکی تھیں کہ باطن میں میں کون تھا؟

گھر پہنچ کر میں نے کہا 'چائے تیار ہے' پی لو' اور بیوی نے کہا 'پہلے مجھے خونِ جگر پی لینے دو' ان بالوں پر ہائے ہائے اور اپنے بال وپر تو نوچ لینے دو۔ جب میں گھر سے گئی تھی تو مجھے پورا پورا یقین تھا کہ واپس آنے پر گھر کا حلیہ بگڑا ہوا ہوگا، وہ تو ہوا ہی ہے، گو خیر سے گھر اپنی جگہ پر موجود ہے، گھر کے فرش پر دو دو انچ مٹی جمی ہوئی ہے، جگہ جگہ جالے لگے ہوئے ہیں۔ وہ دیکھو چھت سے جالے کے تار سے مکڑی جھولا جھول رہی ہے۔ پیلمیٹس میں چڑیوں نے گھونسلے بنا لئے ہیں۔ بزرگوں نے سچ ہی کہا ہے کہ بیوی کے لئے یہ بہت ضروری ہے کہ وہ کسی بے بیاہے کو بہت نزدیک نہ آنے دے اور خاوند کو بہت دور رہنے دے۔ گھر کے تباہ و تاراج ہونے کا تو مجھے یقین تھا مگر جس چیز کا حلیہ حقیقت میں بگڑ چکا ہے وہ آپ کی ذاتِ بابرکات ہے۔ آپ کو پہچاننے کے لئے دو گواہوں کی ضرورت لاحق ہو رہی ہے۔ آخر آپ نے اپنی صورت کا جو ویسے بھی اصلی دیسی ہی تھی کیوں خونِ ناحق کر کے رکھ دیا؟ چھ مہینے کا عرصہ کچھ ایسی مدت نہ تھی کہ آپ من مانی کرنے سے باز نہ رہ سکے۔ میں اپنے جاننے والیوں کو کیا منہ دکھاؤں گی؟ وہ مجھے آپ کی بیوی کہہ کر پکاریں گی ــ؟ کیا میں شرم کے مارے زمین میں نہیں گڑ جاؤں گی؟ اگر ایسی بے جا حرکت کرنا ہی تھا تو پہلے لکھ کر مجھ سے مشورہ کر لیا ہوتا۔ کیا آپ کے ہم پیالہ و ہم نوالہ دوستوں نے بھی آپ کو بہروپ دھارنے سے نہیں روکا؟ مگر وہ کیوں روکتے۔ اگر کوئی جھیل میں چھلانگ لگانے کا فیصلہ کر ہی چکا ہو تو اسے کون روک سکتا ہے؟ مگر میں

آپ کی چینی مونچھوں اور ریچھوں جیسے بالوں کو پل بھر کے لئے بھی برداشت نہیں کر سکتی۔ آخر میری بھی اس شہر اور اس محلہ میں کوئی عزت ہے، آبرو ہے؟ آپ کو کیا حق تھا کہ میرے بڑے مشکل سے بنائے ہوئے وقار کو اس طرح نیست و نابود کر دیا؟

بیوی ذرا دم لینے کے لئے رکیں تو میں نے کہا: "آخر چھوٹے بال ہی کیوں اور لمبے بال کیوں نہیں؟ کیا ہندوستان کے کروڑوں نوجوان اور دنیا بھر کے مرد جو لمبے بال رکھتے ہیں سب بے وقوف ہیں؟ کیا ان سب کی صورتیں بگڑی ہوئی ہیں؟ یہ سب ایک ہی رُخ سوچنے کا نتیجہ ہے جو آپ کو لمبے بالوں سے چڑ ہے۔ کیا صرف عورتوں کو ہی لمبے بال رکھنے کا اجارہ حاصل ہے؟

بیوی نے کہا: "اس میں اجارے کا کوئی سوال پیدا نہیں ہوتا۔ ازل سے مرد کا جو تصور بنا ہوا ہے اس میں اس کے بال چھوٹے اور عورتوں کی چوٹی ہوتی تھی اور یہ کوئی ایسی بات نہیں ہے جس کے لئے انسائیکلوپیڈیا دیکھا جائے یا سپریم کورٹ کے کسی فیصلے کا حوالہ دیا جائے۔"

میں نے کہا: "اس ازلی مرد کے تصور ہی کو لیجئے۔ وحشی جنگلی مرد کے بال بہر حال لمبے تھے کیونکہ ان کو کاٹنے کے لئے اس کے پاس کوئی اوزار نہیں تھا۔ ابتدائی انسان کے بعد کے زمانوں میں بھی مرد کے بالوں کی لمبائی کو بڑی اہمیت حاصل رہی ہے۔ عیسائی مذہب کے بانی یسوع مسیح کے بال لمبے تھے۔ دیگر مذاہب کے ولیوں پر نظر ڈالو۔ ہندو دھرم کے اوتاروں کا ذکر پڑھو سری رام اور سری کرشن اور شیواجی مہاراج کی شبیہوں کو دیکھو سب کے سر بھی جٹاؤں سے سجے ہوئے تھے اور پھر سکھ مت۔

بیوی نے بات کاٹ کر کہا "چھوڑیئے ان باتوں کو، نہ آپ ولی ہیں

نہ اوتار ۔ آپ کے لئے یہی مناسب ہے کہ اپنے اس لباس کو اتارو اور اپنی صورت کی مرمت کراؤ ۔ بال بڑھانے سے بزرگی نہیں بڑھتی ۔ سنتے ہو؟

میں نے کہا : " سن رہا ہوں ۔ آپ میری صورت غیر مانوس ہونے سے برہم ہوگئی ہیں ۔ حقیقت یہ ہے کہ دنیا کے مشہور دانشور اور بزرگ لمبے بالوں اور لہراتی ہوئی داڑھیوں سے پہچانے جاتے تھے ۔ آئین اسٹائن ، کارل مارکس ، ولیم شیکسپیر ، اسکاٹ ، کالی داس ، ارسطو ، سقراط ، ٹیگور ، سیمسن جس کی بے پناہ طاقت کا راز اس کے بالوں میں تھا . . . . "

اور بیوی نے فرمایا " کیا آپ سر پر بالوں کی جھاڑی اُگا کر خود کو سیمسن سمجھنے لگے ہیں ؟ جہاں تک میں جانتی ہوں سیمسن ایک دیو قامت انسان تھا لیکن آپ ۔ ! اس قد و قامت پر آپ دور سے کلاہِ ماراں یعنی سانپ کی چھتری کی طرح دکھائی دیں گے ۔ اور بفرض محال اگر آپ سیمسن بننا ہی پسند کرتے ہیں تو پھر یاد رہے ، میں بھی ڈیلائلا سے کچھ کم نہیں جس نے سیمسن کے بال کاٹ دیئے تھے ۔ اب آپ مجھے مجبور نہ کریں کہ میں بھی ڈیلا یلا کا رول ادا کرتے ہوئے رولنگ پن کی مدد سے آپ کے جھاڑی نما سر کے اندر دماغ کو سہلاؤں ۔ ویسے مجھے یقین ہے کہ اگر آپ اپنے معمولی ہوش و حواس بھی رکھتے تو ہرگز ایسی حماقت نہ کرتے ۔"

میں نے بیوی کو سمجھایا کہ آپ تو صرف سیمسن کو پکڑ کر بیٹھ گئی ہیں حالانکہ میں نے دیگر کئی بزرگوں ، آئن اسٹائن کالیداس وغیرہ کے نام بھی لئے تھے ، ان کے علاوہ رانا پرتاپ ، رستم و سہراب ، شیواجی بشمول شیواجی گنیش ، . . . . یہ سب تاریخ کے مشہور نام ہیں . . . . "

بیوی نے بات کاٹ کر کہا ، کیا کوئی تاریخ کی حجامت ہے ، بات حجامت کرانے کی ہو رہی ہے ۔ میری غیر موجودگی میں آپ حماقت الملک بن گئے

آخر آپ کو یہ کیا سوجھی ؟ کیا آپ یہ سمجھ رہے تھے کہ میں گھر واپس نہیں آؤں گی ؟
میں نے منت کی کہ بیوی ! میں نے ان بالوں کو بڑے شوق سے بڑھایا ہے ۔
میری یہ گل مونچھیں کس قدر رعب دار اور زینت بخش ہیں ۔ کیا تم یہ چاہتی ہو کہ
اس باغ و بہار گلستان کو آنِ واحد میں اُجاڑ دوں ، نہیں ، میں ہرگز ہرگز ۔ ۔ ۔ ۔ ۔
اور بیوی نے پھر ٹوک کر کہا کہ آپ تو کیا آپ کے فرشتے بھی ضرور بہ ضرور
میری بگڑی تقدیر اور اپنی بگڑی صورت کو بنانے کی کوشش کریں گے "
میں نے ایک آخری کوشش کرتے ہوئے اپنی جدید صورت کی نیا کو
ڈوبنے سے بچانے کے لئے کہا " بیوی اگر آپ تاریخ کی نامور شخصیتوں سے
مرعوب نہیں ہوتیں تو پھر کرکٹ کی دنیا کے ستاروں کو دیکھئے ۔ آسٹریلیا کا
ڈینس لالی ، ویسٹ انڈیز کا کلائیڈ لائیڈ ، ہندوستان کا وشوا ناتھ ، ٹینس
کے امرت راج ۔ ۔ ۔ ۔ "

" یہ سب فضول کی بحث ہے " بیوی نے حسبِ معمول مجھے بولنے
سے روکتے ہوئے کہا ۔ " مجھے وشوا ناتھ کی مہیب مونچھیں متاثر نہیں کرسکتیں
اور پھر آپ صرف ان جوکروں کو ہی کیوں دیکھتے ہیں ۔۔۔ دنیا کے مکّہ بازی کے
چمپین محمد علی کلے کو کیوں نہیں دیکھتے ۔ بہر صورت مجھے صرف آپ کی صورت سے
واسطہ ہے اور میں اس کی ہولناکی برداشت نہیں کرسکتی ۔ آپ شاید اپنی صورت
سے مزاح پیدا کرنے کی کوشش کر رہے ہیں ۔ یہ لیجئے پانچ روپے ۔ کیونکہ اس سے
کم اجرت پر شاید ہی کوئی حجام آپ کو درندے سے انسان بنانے پر تیار نہ ہو "
جھولی میں ڈالے ہوئے روپے دیکھتے ہوئے میں سوچ رہا تھا کہ کسی نے
کیا خوب کہا ہے کہ شادی ایک محصور قلعے کی طرح ہے ۔ جو لوگ اس کے اندر
ہیں وہ باہر نکلنے کے لئے ہاتھ پیر مار رہے ہیں اور جو محاصرہ کئے ہوئے ہیں وہ

اس کے اندر جانے کی کوشش کرتے ہیں ــــ اور شادی صرف ایک لفظ ہی نہیں بلکہ دائمی سزا کا فتویٰ ہے۔ شادی ایک جنت نہیں بلکہ ایک میدانِ جنگ ہے۔ خوش نصیب ہیں وہ لوگ جو یہ غلطی پہلی مرتبہ بھی نہیں کرتے۔

بیوی نے مجھے خاموش دیکھ کر فاتحانہ انداز میں آخری وار کرتے ہوئے کہا: " اگر آپ چاکلیٹ کی رنگت کے تلے ہوئے ٹوسٹوں کی بنیاد پر سنہری رنگت کے سکریمبل انڈوں کی عمارت ناشتہ کے لئے چاہتے ہیں تو دیرمت کرو، اٹھو اور نزدیک ترین حجام کی دکان کا رُخ کرو۔"

یہ ترغیب کچھ ایسی تھی کہ میں اُٹھ کھڑا ہوا اور اپنے حجام کے پاس بادلِ ناخواستہ پہنچ گیا۔ حجام نے مجھے کرسی پر بیٹھا کر کسی جنگی جرنل کی طرح میرے سرِ پا کا جائزہ لیا اور ارشاد فرمایا کہ آپ کے بال اب اس صلاحیت کی منزل پر پہنچ گئے ہیں جہاں یہ فیشن کے کسی بھی ستارے سے ٹکر لے سکتے ہیں۔ آج کی تراش کے بعد اس روایتی ایک آنچ کی کسر بھی باقی نہیں رہے گی۔ البتہ مونچھوں میں کچھ اور گہرائی اور خصوصیت پیدا کرنے کی ضرورت ہے۔ گل مونچھوں کے سرے سیدھے نہیں بلکہ چودھویں کے چاند کی طرح خمدار کئے جا سکتے ہیں۔ صاحب آپ کے بالوں کی کاٹ میرے لئے باعثِ فخر ہے ــ۔"

میں نے ایک آہ بھرتے ہوئے کہا کہ ــ" میرے سر پر جو سبز انقلاب آیا تھا، افسوس کہ اس کا دورِ کامرانی اور میرا اسثادمانی کا دور ختم ہو گیا ہے۔ اب تم انقلاب کے زمانے سے پہلے کی کٹ کر دو۔"

اور میرے حجام نے کہا ــــ" ان بالوں کا بے دردانہ قتل میں نہ کر سکوں گا آپ اس کے لئے کسی فٹ پاتھ پر بیٹھے حجام کے پاس جا سکتے ہیں۔"

میں نے کہا : " یہ لو پانچ روپے۔ اڑھائی روپے بال کٹوائی اور باقی ماندہ رقم بطور رشوت ۔ رشوت جونی زمانہ بال تو کیا حکومتوں کی جڑیں تک کاٹ دیتی ہے ۔

حجام صاحب نے بال کاٹنے کی مشین پکڑی اور بڑی بے دردی سے میرے سر اور چہرے پر پھیر دی ؎

ہائے ان چار گرہ بالوں کی قسمت یا رب
جن کی صورت میں تھا بیوی کو ہراساں کرنا

صنف نازک کی عُمر

کہتے ہیں کہ صنف نازک کی کشتیٔ عمر حیات ایک سِن پر پہنچ کر اس طرح رک جاتی ہے جس طرح رگ میں خون کا CLOT بن جانے سے دل کی حرکت، مٹھی گرم نہ ہونے پر رشوت خور حاکم کی میز پہ غرض مند کی کارروائی، یا قرض وصول کرنے والے پٹھان کو دُور سے دیکھ کر مقروض کے قدم۔ اسی نظریے کو یعنی عمر کے رک جانے کو پڑوسنیں جس انداز سے بیان کرتی ہیں وہ پیش خدمت ہے :-

تو لیجئے ملاحظہ فرمائیے لحیم بی، فہیم بی، غنیم بی، شمیم بی اور حلیم بی کو۔ ادھیڑ عمر کی یہ بی بیاں اچھی کھاتی پیتی اور اس لئے آبنوس کے تختوں کی طرح مضبوط اور ٹھوس ہیں۔ ان میں سے بعض کی رنگت بھی آبنوسی ہے۔ چولہے چوکے سے فارغ ہو کر خوب کھا پی کر یہ مل بیٹھی ہیں اور ان کا تختۂ مشق ہے محلہ کی اسم بامسمیٰ

نازنین بیگم۔

نعیم کہتی ہیں کہ نازنین بیگم نے کل بڑے ناز اور نہایت دلفریب انداز سے یہ بتلایا تھا کہ ان کی عمر بتیس (۳۲) سال ہے۔

یہ سنتے ہی باقی سب کی زبان سے یکلخت نکلتا ہے کہ "بتیس ــ! کیا کہا بتیس ــ !!؟" اور جب یہ بتلایا جاتا ہے کہ ۳۲ سے مراد بالکل بتیس ہے، تو سب کی سب بی بیاں اپنی اپنی بتیسیاں نکال کر کھِل کھلا کر ہنستی ہیں۔ ان میں سے ایک دو کی بتیسیاں ایسی بھی ہیں جن کو چوکھٹے سمیت نکال کر میز پر رکھا جا سکتا ہے اور بعض کی بتیسیوں کے کئی مہرے بیجا اور کثرتِ استعمال سے مات کھا کر منہ کی دنیا سے رخصت ہو چکے ہیں۔

شمیم بڑی مشکل سے اپنی ہنسی روک کر فرماتی ہیں کہ ۳۲ ہی کیوں، اگر ۳۲ کے ہندسوں کو آگے پیچھے کر دیا جائے تو ۳۲ کو ۲۳ میں بھی بدل دیا جا سکتا ہے اس پر ایک اور قہقہہ بلند ہوتا ہے۔

اب فہیم کہتی ہیں کہ اگر اس پری زاد کی عمر صرف ۳۲ سال ہے تو میں جاننا چاہتی ہوں کہ بیگم صاحبہ کو ۳۲ سال طے کرنے میں ۴۲ سال کیوں کر بیت گئے؟

غنیم مسکراتی ہوئی فرماتی ہیں کہ آپ تو خواہ مخواہ کسی کے کہے پر شبہ کر رہی ہیں۔ آپ شاید نہیں جانتیں کہ نازنین بیگم کبھی جھوٹ نہیں بولتیں اور خاص طور پر اپنی عمر کے بارے میں۔ میں نے ان کو اکثر یہ کہتے سنا ہے کہ وہ اپنے شوہر کی ہم عمر ہیں۔ یہ بات البتہ جدا ہے کہ وہ اپنے شوہر کی عمر کم کر کے بتلاتی ہیں۔ شاید اس لئے کہ پیارے شوہر کو نظر نہ لگ جائے۔

اس نوبت پر بچارے شوہر پر تبصرہ ہونے لگتا ہے۔

شمیم پوچھتی ہیں کہ کیا آپ اسی پیارے شوہر کا ذکر فرما رہی ہیں جو تندور کی

روٹی چھننے موٹے شیشوں کی عینک سے بمشکل دیکھ سکتا ہے ۔ اور اس انداز سے دھرتی پر قدم دھرتا ہے جس طرح نیل آرم سٹرانگ نے پہلے چند قدم چاند کی زمین پر رکھے تھے۔ کیا یہ وہی شوہر ہیں جن کی چاند پر گرین انقلاب اور ہتھیلی پر بال اگانے والی دوائیوں کا بھی کچھ اثر نہیں ہوا اور جن کے چہرے کی جھریاں ایسی گہری ہیں جیسے انھوں نے منہ پر مگر مچھ کی کھال کا ماسک چڑھالیا ہو ۔

اس بیان پر پھر قہقہوں کا ایک طوفان برپا ہوتا ہے ۔

پھر حلیم اعتراض کرتی ہیں کہ چلو ہٹو ۔ نازنین کے شوہر کو خواہ مخواہ بیچ میں کیوں گھسیٹتی ہو ۔ ان کے شوہر کے سر کے بال تو بقول نازنین اس لئے اُڑ گئے ہیں کہ وہ ملازمت کے آغاز ہی سے صرف خالص دماغی کام کر رہے ہیں جس سے آنکھوں کی بینائی اور سر کے بالائی حصہ پر بڑا مہلک اثر پڑا ہے ۔

یہ سن کر نعیم بڑی لچک سے کہتی ہیں کہ اب اس بے چارے شوہر کا پیچھا چھوڑو ۔ وہ ایک بڑا اصیل اور صاحب تدبیر انسان ہے ۔ اس کی سب سے بڑی خوبی یہ ہے کہ سراسر یہ بھولتے ہوئے کہ کونسی سالگرہ منائی جارہی ہے وہ نازنین کی تاریخ پیدائش اسی طرح نہیں بھولتا جس طرح بنیا قرض پر دی ہوئی چیزوں کا حساب اور اکونٹنٹ جنرل کے دفتر والے کسی ملازم کے ریٹائر ہونے یعنے فاترالعقل قرار دیئے جانے کی تاریخ ۔

اور شمیم یہ لقمہ دیتی ہے کہ ٹھیک ہی تو کرتا ہے بے چارہ ۔ بھلا نازنین کی عمر کا اعلان کرنے کا کسی اور کو کیا اختیار ہے ؟ اور میں یہ پوچھتی ہوں کہ آپ سب نازنین کی بات پر اعتبار کیوں نہیں کرتیں جب کہ وہ بے چاری مسلسل پچھلے دس برس سے برابر یہی کہے جارہی ہے کہ اس کی عمر ۳۲ سال ہے ۔

اور فہیم فرماتی ہیں کہ شاید یہی وجہ ہے کہ ۳۲ کے ہندسوں میں نازنین

کے کثرت استعمال سے شکن پڑ گئے ہیں۔

کچھ اور قہقہے ___ جن کے بعد غنیم گلفشاں ہوتی ہیں کہ بھئی بات دراصل یہ ہے کہ جب تک نازنین کو اپنی عمر کے تعلق سے ہندسوں کو بدلنے کا اختیار ہے، مطلب یہ کہ ایک مرتبہ یہ طے کر لینے کے بعد کہ اس کی عمر کیا ہونی چاہئے، تصفیہ کردہ عمر کے ہندسوں کو نہ بدلنے کی آزادی ہے، کیونکہ ہمارے ملک کے دستور میں ایسا کرنے کی کوئی ممانعت نہیں ہے۔ میرے خیال میں وہ سدا جوان ہی رہے گی۔

اب شمیم پھبتیوں کی شمع روشن کرتے ہوئے کہتی ہیں کہ بہنو! تم سب نے شاید اس بات کا تہیہ کر لیا ہے کہ نازنین کو جھوٹا ثابت کر کے ہی چھوڑو گی۔ مگر یاد رہے کہ تم ہرگز ایسا نہ کر پاؤ گی۔ نازنین بیگم جو اپنی عمر ۳۲ سال بتلاتی ہیں وہ بالکل صحیح ہے۔ اس کے صحیح ہونے کی ناقابلِ تردید وجہ یہ ہے کہ ان کی شادی سولہ برس کی عمر میں ہوئی تھی اور جب ان کی شادی ہوئی تھی اس وقت ان کے شوہر کی عمر ۲۴ برس تھی ___ اور اب جب کہ شوہر کی عمر دگنی یعنی ۴۸ برس ہے تو یقین مانو کہ سولہ کا دوگنا بھی بتیس ۳۲ ہی ہوتا ہے۔

اور حلیم لب گنگناتی ہیں کہ ___ " دل کے بہلانے کو بیگم یہ حساب اچھا ہے "۔ مگر میں یہ کہنے سے دریغ نہیں کروں گی کہ نازنین نے اپنی عمر کے ان سالوں کو جو وہ گھٹا کر بتلاتی ہیں بالکل ضائع نہیں ہونے دیا۔ دراصل وہ ان سالوں کو اپنی بھابیوں کی عمر میں جمع کر دیتی ہیں۔

اس پر نعیم پھر لہراتی ہیں کہ میرے خیال میں نازنین اپنی صحیح عمر صرف اس صورت میں بتلا سکے گی جب کہ وہ افریقہ کے کسی جنگل میں

کسی ایسے آدم خور کے ہتھے چڑھ جائے جو صرف ۳۲ سال سے زیادہ عمر کے انسان کو باسی گوشت سمجھ کر نہ کھاتا ہو ۔

اور شمیم یہ حقیقت بیان کرتی ہیں کہ کسی عورت کی عمر کی شناخت کسی موٹر کی عمر کی طرح کی جاسکتی ہے کہ گو رنگ و روغن سے خد و خال ضرور ڈھپ جاتے ہیں مگر اصلی ڈھانچہ بدلا نہیں جاسکتا ۔

اس پر فہیم فرماتی ہیں کہ اب نازنین کو اپنی اصلی یا نقلی عمر میں رہنے دو ۔ البتہ میں یہ جاننا چاہتی ہوں کہ غنیم بہن کی اپنی عمر کیا ہے ؟

اور غنیم تیکھے پن سے جواب دیتی ہیں کہ واہ ! میری عمر ہی کیوں ؟ پہلے فہیم بہن اپنی عمر بتلائیں ۔

اور فہیم جو بہر حال فہیم ہیں ، بتلاتی ہیں کہ جب وہ پانچویں جماعت میں پڑھتی تھیں تو اس وقت نازنین تیسری جماعت میں تھیں ، اور سبق یاد کرنے میں نازنین کی مدد کیا کرتی تھیں ۔

یہ سُن کر غنیم کہتی ہیں کہ بہن آپ نے شاید نازنین کو علم حساب ایسی اچھی طرح سمجھا دیا تھا کہ وہ اپنی اس عمر کا حساب لگانے میں جس میں وہ رہنا پسند کرتی ہیں کبھی غلطی نہیں کرتیں ——————— اور باقی رہی میری عمر ——————— تو یقین مانو کہ میں تو ابھی پیدا ہی نہیں ہوئی ۔ ریاست کے سرکاری نجومی نے پیش گوئی کی ہے کہ میری تاریخِ پیدائش ۷۸ ء میں ہوگی ۔

اور اس نوبت پر ہم ان بی بیوں کو اور دنیا کی تمام بی بیوں کو نئے سال کی مبارک باد پیش کرتے ہوئے یہ دعا کرتے ہیں کہ :

— نیا سال ان کی عمر کو نہ لگے۔
— ان کے سہاگ سدا بنے رہیں تاکہ ان کے شوہر سر کے بالوں کے ساتھ یا بغیر بالوں کے ان کی خیر و عافیت اور ان کو آرام پہنچانے میں جُتے رہیں۔
اور ہم یہ بھی دعا کرتے ہیں کہ — دُنیا کی
— سب بیبیوں کی عمر دراز، مگر اصلی عمریں راز ہی میں رہیں۔ تاکہ وہ سدا سُکھی اور جوان بنی رہیں۔

۔۔۔ جو کچھ کہ دیکھا !

آج کل ہمارے ملک میں وقت کی پابندی کی کوئی قدر نہیں، مگر ہمارے پرانت کی اسمبلی اور کونسل کی اکٹھی بیٹھک میں تقریر کرنے کے لئے لاٹ صاحب ٹھیک وقت پر اسمبلی پہنچے تو مخالف پارٹی والوں نے ان کا سواگت پتھراؤ سے کیا۔ ایک پتھر گورنر بہادر کو لگا تو بے اختیار ان کے منہ سے "ہائے میری ماں" نکل گیا اور اسمبلی کے احاطہ سے باہر نکلنے میں ان کی پھرتی کچھ ایسی تھی جیسے بوفے ڈنر میں ہم لوگ کھانے کی میز پر لوٹ پڑتے ہوئے بتلاتے ہیں۔ پتھر برسانے والے دستور سازوں نے گورنر صاحب کے سر دستور کی خلاف ورزی کرنے کا یہ الزام تھوپا کہ چوٹ کھانے پر ان کی زبان سے درد کی دہائی پرانت کی زبان میں کیوں نہیں نکلی۔ انھوں نے یہ تجویز پیش کی کہ کسی سینئر وظیفہ پائے ہائی کورٹ جج کا ایک کمیشن مقرر کر کے گورنر صاحب کے خلاف سزا تجویز کرنے کی کارروائی کی جائے تا کہ دکھ سکھ، عیش و طیش، غم و غصہ، ہوش و مدہوشی میں

بھی وہ پابندی سے صرف خالص پرانت کی زبان بولیں۔

کچھ دیر بعد مرہم پٹی کراکر گورنر بہادر کسی فلمی دلن کا روپ دھار کر اسمبلی ہال میں آکر ڈائس پر پہنچ جانے میں کامیاب ہوگئے اور اپنی تقریر شروع کردی۔ ان کی آواز سنتے ہی مخالف پارٹی کے ممبر ـــ "نالو اس مردود کی گردن" کے نعرے لگاتے ہوئے ڈائس کی طرف جھپٹے اور گورنر صاحب اپنی تقریر کا مسودہ پھینک کسی ڈرے ہوئے ہرن کی طرح نزدیک والی کھڑکی سے کود کر نو دو گیارہ ہوگئے۔ ان کے سیکورٹی افسر نے اسمبلی کے بھڑکے ہوئے آپے سے باہر ممبروں کے قدموں پر سر رکھتے ہوئے گورنر صاحب کی جاں بخشی کے لئے منت کی، مگر رحم کی بھیک بھڑکی ہوئی آگ پر تیل ثابت ہوئی اور مخالف ممبروں نے اسپیکر سے شکایت کی کہ وہ ان کو پولیس کی دھاندلی اور ظلم سے بچائے ورنہ استعفیٰ دے دے۔

بعض ممبروں نے سخت اعتراض کیا کہ صبح سے دوپہر ہوئی اور اب تو دھوپ بھی ڈھل رہی ہے مگر ابھی تک گورنر صاحب نے اسمبلی کو مخاطب کرنے میں کامیابی حاصل نہیں کی، اس لئے موجودہ حکومت کو ہٹ جانا چاہیے اسپیکر نے یہ فیصلہ سنایا کہ اس سے پہلے بھی گورنر کی تقریر پڑھی گئی سمجھی جاتی رہی ہے اور اب بھی یہی سمجھا جائے گا۔ اس پر مخالف ممبروں نے اسپیکر پر یہ الزام دھرا کہ وہ اس سے پہلے بھی کئی مرتبہ اسمبلی کے کاروبار میں افراتفری پیدا کرتے رہے ہیں اور اب بھی اپنی بے ہودہ حرکتوں سے باز نہیں آئے۔

اسمبلی کے ایک رکن چھچھوندر ناتھ سڑمل نے جو سابق میں منسٹر بھی تھے، مخالف پارٹی سے گٹھ جوڑ کرنے کے بعد اس مخالف پارٹی پر انتہائی بے رخی، بزدلی اور بے دردی کا سلوک کرنے کا الزام لگایا کہ انھوں نے چھچھوندرمل کی

تائید میں نہ جلوس نکالے نہ دھرنے ڈالے، نہ کہیں آگ لگائی نہ لوٹ مار مچائی انھوں نے دھمکی دی کہ اگر مخالف پارٹی کے کرتا دھرتا اور نیتا نے فوراً ہی آکر ان کی غیر معینہ مدت کے لئے کی گئی، ایک دن پرانی بھوک ہڑتال توڑنے کے لئے پھول مالا کے ساتھ سنترے کا رس ان کو پیش نہیں کیا تو وہ خود کوکا کولا بازار سے منگوا کر اور اسٹرا کے ذریعے یا اس کے بغیر ہی بوتل کو منہ لگا کر پی لیں گے۔ اور سوت کا ہار جو اُن کی جیب میں ہر وقت رہتا ہے پہن لیں گے۔

جب شہر کے ایک حصہ میں یہ گڑبڑ گھٹالا ہو رہا تھا تو شہر کے ایک اور حصہ میں ودیارتھیوں نے امتحان کے پرچے مشکل ہونے کا اعلان کرتے ہوئے ان پرچوں کو سلگا کر امتحان ہال کے فرنیچر کو آگ لگا دی۔ انھوں نے سخت اعتراض کیا کہ سوالات سیٹ کرتے وقت پرچہ بنانے والوں نے ان کی جائز امیدوں پر پانی پھیر دیا تھا۔ انھوں نے کہا کہ جب جمہوریت خطرے میں ہو تو وہ کیوں کر خاموش رہ سکتے ہیں۔ انھوں نے شِکشا منتری کا گھیراؤ کیا اور یہ نعرہ لگایا کہ ہم مونچھیں جھکا سکتے ہیں مگر آواز نہیں جھکا سکتے۔ مگر اس سے پہلے کہ جمہوری ودیارتھی منتری کا گھر جلا کر اور ان کی مرمت کرتے ہوئے ان کو شِکشا دینا شروع کرتے۔ منتری جی نے ان کے جوش کی آگ یہ وعدہ کر کے ٹھنڈی کرا دی کہ وہ آئندہ کے لئے نقل مارنے کو قانونی لباس پہنا دیں گے۔ ودیارتھیوں نے وضاحت فرمائی کہ نقل مارنے کا طریقہ اس قدر پرانا ہو چکا ہے کہ لگاتار کثرتِ استعمال سے اس کے غیر قانونی کپڑے پھٹ کر تار تار ہو چکے ہیں۔ یہ طریقہ اب اس لئے بھی بے کار ہو گیا ہے کہ جب امتحان ہال میں سب ودیارتھی ایک دوسرے کی نقل مارنے کی کیفیت میں ہوں اور ان میں کوئی مائی کا لال ایسا نہ ہو جس کی نقل ماری جائے تو کون کس کی نقل مارے۔ یہ سن کر شِکشا منتری جی نے کہا کہ ان کو یہ معلوم نہیں تھا کہ

حالات اس قدر گمبھیر ہو چکے ہیں ۔ خیر ان حالات میں وہ امتحان کے سوالات کا امتحان سے پہلے چوری چھپے ظاہر کئے جانے کا پکا اور معقول انتظام کر دیں گے اور اس کے باوجود بھی اگر ودیارتھی امتحان پاس نہ کر سکیں تو ان کو اس بنا پر اگلی جماعت میں بٹھا دیا جائے گا کہ کب تک ملک کے نوجوان ایک ہی جماعت میں ایڑیاں رگڑتے اور پرانی کتابیں سنبھالے کتابوں کے بغیر بور نہ ہوتے رہیں ۔ محض تبدیلی ذائقہ اور سین بدلنے کی خاطر ان کو نئی جماعتوں میں داخلہ دے دیا جائے گا ۔ جمہوری ودیارتھی یہ سن کر جمہوری منتری جی کی جے جے کار مناتے ہوئے سینماؤں میں میٹنی شو دیکھنے کے لئے چل پڑے ۔ بالکل اسی وقت یونیورسٹی کے وائس چانسلر امتحان ہال کے جلے ہوئے فرنیچر کی راکھ کو حسرت بھری نگاہوں سے دیکھ رہے تھے ۔

اسی دن حکومت نے دعویٰ کیا کہ ریاست میں حالات بالکل معمول کے مطابق ہیں ۔ حکومت کے اعلان میں یہ بھی بتلایا گیا تھا کہ معمولی حالات سے یہ مطلب نہیں کہ توڑ پھوڑ، جلانے اور لوٹ مار کے واقعات نہیں ہو رہے ہیں ۔ دراصل یہی وہ نشانیاں ہیں جو حالات کو جمہوری اور معمولی بناتی ہیں ، اور معاشرتی زندگی کے آنے کا پیغام لاتی ہیں ۔ حکومت کی مخالف پارٹیاں اس اعلان کے خلاف ردِ عمل کے طور پر اسمبلی سے واک آوٹ کر گئیں مگر جاتے جاتے یہ دھمکی بھی دیتی گئیں کہ کھانا کھا کر ، پان چبا کر اور بیڑیاں پی کر پھر واپس پدھاریں گی ۔

شہر کے کارخانوں والے علاقے میں لیبر لیڈروں نے مزدوروں کو کارخانوں میں سے نکال کر بڑے بڑے جلوس نکالے ۔ شکایت یہ تھی کہ ریاست کے لیبر کے قانون اور قاعدے بالکل یکطرفہ تھے اور لیبر طبقہ کی جائز اور کم سے کم امیدوں اور جمہوری حقوق کا گلا گھونٹ رہے تھے ۔ انھوں نے صرف چھوٹی سی مانگ کی کہ حکومت فوراً لیبر قوانین میں جہاں جہاں " مالک " " انتظامیہ " اور " ملازمت دینے والے کے الفاظ

استعمال کئے گئے ہوں ان کو بدل کر "مزدور" درج کر دے۔ انھوں نے کہا کہ وہ کب تک خاموش بیٹھے خون کے گھونٹ پیتے اور اپنے حسرتوں کے زخموں کو صبر سے سہتے رہیں۔

لیبر منتری نے اعلان کیا کہ جیسا ان کے عہدے سے صاف ظاہر ہے، وہ بالکلیہ مزدوروں کے منتری ہیں اور پوری طرح سے مزدوروں کی رائے سے اتفاق کرتے ہیں مگر وہ ایسی دھمکیوں کو برداشت نہیں کر سکتے اور نہ ہی ان کے سامنے سر چھپا، جھکا یا کٹا سکتے ہیں۔ انھوں نے فوج کا ایک مسلح دستہ اپنے مکان کی حفاظت کے لئے تعینات کرالیا اور کہا کہ وہ مزدوروں سے بالکل نہیں ڈرتے۔ مزدوروں نے چند فیکٹریوں کو آگ لگا دی اور یہ اعلان کیا کہ حکومت کہتی کچھ مگر کرتی کچھ اور ہی ہے۔ ہماری حقیر مانگ صرف اتنی ہے کہ ہر فیکٹری میں سارے انتظامات مزدور خود سنبھالیں۔ فیکٹری کے مالکوں کو غیر ضروری شئے اور ضروری لعنت سمجھ کر اور فیکٹریوں سے ان کے پرانے تعلقات ہونے کی وجہ سے ان کی گزر بسر کے لئے کچھ گزارہ دیا جائے گا۔ مگر مہنگائی الاونس چیزوں کے بڑھتے ہوئے داموں کے ساتھ نہیں بڑھایا جائے گا۔ انھوں نے آخری اعلان یہ کیا کہ وہ دیانت داری، قومی یکجہتی، غریبی ہٹانے اور کم سے کم کام کے لئے زیادہ سے زیادہ اجرت پانے کے سنہرے اور ٹھوس اصولوں پر عمل کرتے ہیں۔

پولیس نے ایک جگہ جہاں بہت سے لوگ اکھٹے ہو گئے تھے اور "روٹی روٹی" کی رٹ لگا رہے تھے اور باوجود پولیس کے بڑی عاجزی سے سمجھانے کے، خود ان کے پاس کھانے کو روٹی نہیں ہے، آپے سے باہر ہوئے جا رہے تھے۔ اپنی جان کی حفاظت کی خاطر گولی چلا دی۔ پولیس نے بعد میں اپنی اعلیٰ نشانہ بازی کی سند میں اعلان کیا کہ ان کی گولیوں سے چار پانچ مر گئے اور بارہ بُری طرح اور آٹھ اچھی طرح زخمی

ہو گئے ۔ اور اس بات کی بھی وضاحت کی کہ وہ آخر کب تک بے کار، فالتو اور فرسودہ ہونے کی پھبتیاں لوگوں سے برداشت کر سکتے تھے ۔ انھوں نے جو کچھ کیا وہ اس کلنک کے ٹیکے کو دھونے کے لئے کیا تھا ۔

ریاست کے پردھان منتری نے مان لیا کہ غلّہ کی سربراہی کی حالت نازک ہو گئی ہے ۔ مگر اس خراب حالت کے لئے انھوں نے مخالف پارٹی والوں کو ذمہ دار قرار دیا ۔ انھوں نے فرمایا کہ وہ یہ نہیں جانتے کہ ان لوگوں نے کس طرح یہ خراب حالت پیدا کر دی ہے ۔ مگر سوچنے کی بات ہے کہ جب اس کمی کے ذمہ دار سوکھا، سیلاب حضرت بھٹو اور امریکی ساتواں بیڑہ نہیں ہو سکتے تو اس کے لئے سوائے مخالف پارٹی کے اور کس کو ذمہ دار قرار دیا جا سکتا ہے ۔

مخالف پارٹیوں کے نیتا نے پان چباتے، دانت پیستے اور سر دُھنتے ہوئے دُہائی مچائی کہ ریاست میں نظم و نسق بالکل نشٹ اور جینا کشٹھ ہو چکا ہے ۔ اس لئے صدر راج لاگو اور نئے چناؤ کئے جانے چاہئیں ۔ پردھان منتری نے جواب دیا کہ انتظام و انتظام بالکل ویسا ہی ہے جیسا جمہوری حکومت میں ہونا چاہیے ۔ جان و مال کو جو تھوڑا بہت خطرہ ہے وہ صدیوں کی غلامی کے بعد پیدا ہونے والی آزادی سے پیدا ہو گیا ہے ۔ فاقہ کشی کے واقعات کے لئے مخالف پارٹی والے خود ذمہ دار ہیں اور دستوری حکومت بدستور قائم ہے ۔

مخالفین نے کل ریاستی پیمانے پر بندھ منانے اور ریاست کے دریاؤں پر بنائے ہوئے جتنے بندھ باندھے گئے ہیں ان کو توڑنے کی دھمکی دی ۔ اور یہ بھی بتلایا کہ اگر ہم چناؤ کے ذریعے یا اس کے بغیر اقتدار حاصل نہ کر سکے تو مجبور ہو کر مقتدر پارٹی سے مل جائیں گے ۔

اس آخری اعلان سے " مخالف پارٹی زندہ باد" کے ایسے زور دار نعرے اُٹھنے لگے کہ میری آنکھ کھُل گئی۔ دیکھتا کیا ہوں کہ اپنی کھٹیا میں اڑا قمیص کے بٹن کھولے بغیر اس کو جسم سے اُتارنے کی بے سُود کوشش میں ہاتھ پیر مار رہا ہوں ــــ اور مجھ پر یہ بات بھی واضح ہو گئی کہ ــــ

"خواب تھا جو کچھ کہ دیکھا اور سُنا افسانہ تھا"

بڑا مشکل ہے دوست بنانا

زمانہ ایک ایسے دَور سے گزر رہا ہے جس میں دوست بنانا تو درکنار کچھ اور بنانا بھی بہت دُور اور دشوار ہوتا جا رہا ہے۔ مثال کے طور پر کوٹ بنانے کے مسئلہ ہی کو لیجئے۔ آپ کا کوٹ پھٹ چکا ہے۔ یہ کہنہ بے رنگ، بدرنگ اور بے ڈھنگا ہو گیا ہے۔ آپ اس سے بیزار تو ہیں مگر آپ کی بے زاری اس کی اجازت نہیں دیتی کہ آپ نیا کوٹ سلانے کی جسارت کریں۔ آپ اس بارے میں کئی ماہ تک سوچتے رہتے ہیں مگر فیصلہ نہیں کر پاتے۔ بالآخر جو چیز آپ کو اس کوٹ سے کنارہ کشی اختیار کرنے پر مجبور کر دیتی ہے وہ ہے اس کا عجیب غریب رنگ اور عجیب تر تراش جس کو دیکھ کر قرض خواہ دُور ہی سے آپ کو پہچان لیتے ہیں۔ اس لئے محض حلیہ بدلنے کی خاطر آپ مجبور ہو جاتے ہیں کہ اس کوٹ سے برسوں کا ناطہ توڑ دیں۔ جب آپ یہ فیصلہ کر لیتے ہیں تو پھر معاملہ لاگت کی پا بجائی کا سامنے آتا ہے اور یہی وہ بنیادی مسئلہ ہے جس کے

پیشِ نظر آپ کوٹ کا ساتھ چھوڑنے کا خیال ہی دل میں نہیں آنے دیتے۔

بیوی کے تعاون سے آپ بڑی کوششوں کے بعد کوٹ کی گنجائش بجٹ میں شامل کرنے میں کامیاب ہوجاتے ہیں لیکن جب کپڑا خریدنے کے لئے نکلتے ہیں تو ان کی قیمتیں سُن کر آپ سُن ہوجاتے ہیں اور یہ سوچنے لگتے ہیں کہ ابھی پُرانے کوٹ کو ایک آدھ سال اور کھینچنا ہی مناسب ہے۔ باقی رہا قرض خواہوں سے بچنے کا مسئلہ تو اس کے لئے داڑھی چھوڑ دینے اور سر منڈا لینے پر آمادہ ہونے لگتے ہیں۔ مگر پھر یہ خیال دامنگیر ہوتا ہے کہ اگر کوٹ سِلانے کا معاملہ ایک سال تک ملتوی کر دیا گیا تو اس وقت تک ممکن ہے کپڑے کی قیمت ایسی بلند آشیانی اختیار کرلے کہ آپ کے بجٹ کے لحاظ سے آپ اس وقت کوٹ کی بجائے صرف لنگوٹی سلوانے کے موقف میں نہ پہنچ جائیں۔ اس لئے آپ پھر ارادہ بدلتے ہیں اور ٹیری لین کی مانند دکھائی دینے والا کپڑا خرید لیتے ہیں کپڑا خریدنے کے بعد اس کو سلوانے کا مسئلہ درپیش آتا ہے۔ آپ کی پہچان کا پرانا درزی جس سے آپ نے اپنا موجودہ کوٹ سلوایا تھا اور جو آپ کے ذوق سے بڑھ کر آپ کی نہایت محدود آمدنی سے اچھی طرح واقف ہے، دریافت اور تلاش کے بعد، معلوم ہوتا ہے کہ "اپنا پرانا گھر چھوڑ چکا ہے اور کسی فیشن ایبل محلہ میں اب ایکسپورٹ امپورٹ کا دھندہ نہایت کامیابی سے چلا رہا ہے۔

اس دریافت سے ایک تو یہ ثابت ہوجاتا ہے کہ آپ کا موجودہ کوٹ واقعی بہت زمانہ پہلے عالم وجود میں آیا تھا، اور دوسرے یہ بھی کہ دنیا بہت تیزی سے بدل رہی ہے۔ بہرحال ان نظریات سے آپ کی مشکل حل نہیں ہوتی۔

معاملہ کسی نئے اور ایسے درزی کی تلاش کا ہے جس کی سلائی کے ریٹ جوہری توانائی سے چھوڑے جانے والے راکٹوں کی طرح خلائی اونچائیوں تک نہ پہنچ

چکے ہوں)۔ دو چار دن کی سراغ رسانی کے بعد یہ مشکل بھی حل ہو جاتی ہے' اور آپ ایک ایسے درزی کا کھوج لگا لینے میں کامیاب ہو جاتے ہیں جس کا ٹھکانا شہر کے کسی قدیم محلہ میں ہے اور جو قدیم وضع ہی کے کپڑے سیتا ہے۔ آپ سلائی کو مناسب حدود تک پابند کرنے کی خاطر اپنے کوٹ کے کپڑے کا ستیاناس کروا لیتے ہیں اور کوٹ کو اس امید کے ساتھ پہننا شروع کر دیتے ہیں کہ شاید کچھ سالوں کے بعد کوٹ کا فیشن بدل کر ایسا ہی ہو جائے جس ڈھب کا اس دقیانوسی درزی نے سیا ہے۔

اس لمبی چوڑی تمہید سے راوی یہ ثابت کرنا چاہتا ہے کہ آج کل بڑا مشکل ہے دوست بنانا۔ کوٹ بنانے کی مشکلیں آپ نے سن لیں۔ کچھ ایسی ہی صورتیں کھانا بنانے' گھر بنانے' حجامت یا کچھ اور بنانے میں بھی پیش آتی ہیں۔ ایسے ماحول میں ظاہر ہے کہ لوگ دوستی کے نام پر ہی کانوں پر ہاتھ رکھ کر لاحول پڑھنا شروع کر دیتے ہیں۔

درحقیقت زندگی ایک ایسے دور سے گزر رہی ہے جس میں دوستیاں بنانا تو درکنار پرانی دوستیاں بھی ختم ہو رہی ہیں۔ بین الاقوامی سطح پر نظر ڈالئے تو' آپ کو معلوم ہوگا کہ کسی ملک کے کل کے حلیف آج اس کے حریف بن چکے ہیں۔ جو کبھی خود کو آپ کا بھائی بتلاتے تھے اب بلا کسی وجہ کے آپ کی جان اور مال کے دشمن بن بیٹھے ہیں۔ وہی ملک جس کے نمائندے کسی کانفرنس میں بیٹھ کر آپ کی طرف دوستی کا ہاتھ بڑھاتے ہیں کہ وہ بحیثیت ہمسایہ ملک' چین و آشتی چاہتے ہیں۔ جوں ہی کانفرنس کے کمرے سے باہر نکلتے ہیں تو ان کے الفاظ آتشی اور اعلان' زہر میں بجھے ہوئے شعلے برساتے ہیں۔ وہ یہ کہتے ہوئے کسی قسم کی ہچکچاہٹ محسوس نہیں کرتے کہ ان کا مفاد' آپ کے مفاد

کے برعکس ہے۔ اس لئے وہ کیونکہ آپ سے دوستی نبھا سکتے ہیں۔ اصل میں آج کل یہ معلوم کر لینا کہ کون کس کا دوست ہے بڑا مشکل ہے۔

یہی حال انسانی زندگی کا ہے۔ سیاسی ہتھکنڈوں، معاشی مشکلات قانونی پھندوں اور سماجی جھنجھٹوں میں پھنسا ہوا انسان لاکھ شریف النفس سہی، اس کے قول و فعل و عمل پیدا ہوتے ہیں اسی ازلی جذبہ کے تحت جس پر قدیم زمانے کا وحشی انسان کاربند تھا یعنی زلیست کے لئے جدوجہد کرنے کا جذبہ۔ یہ جدوجہد فی زمانہ نہایت پیچیدہ اور دشوار ہوتی جا رہی ہے۔

دوستی ایثار کی طلب گار ہے۔ ایثار وہی کر سکتا ہے جس کے پاس ایثار کے اظہار کی گنجائش ہو۔ مالی اور معاشی مشکلات میں پھنسا ہوا آج کل کا انسان اس موقف میں نہیں رہا کہ وہ دوسروں کے لئے کسی قسم کا ایثار کر سکے۔ جتنا ایثار کا مادہ اس میں تھا وہ اس کو اپنے گھر بار، بیوی، بچوں وغیرہ کی زلیست کے لئے قربان کر بیٹھا ہے۔ اس لئے آج کل یہ حالت ہو گئی ہے کہ جب کوئی شخص گفتگو میں آپ سے دوستانہ انداز اختیار کرتا ہوا معلوم ہوتا ہے تو آپ کے کان کھڑے ہونے لگتے ہیں۔ آپ فوراً محتاط اور چوکنے ہو جاتے ہیں اور یہ پرکھنا چاہتے ہیں کہ یہ اندازِ دوستی کسی غرض، کسی مقصد یا کچھ قرض حاصل کرنے کی تمہید تو نہیں ___ ؟ جب ایسی صورتیں پیدا ہونے لگتی ہیں تو پیشتر اس کے کہ وہ ارتقار کی منزل تک پہنچ سکیں، آپ اپنی مالی زبوں حالی اور جیب خالی ہونے کی کیفیت کچھ ایسے دردناک انداز سے بیان کرنا شروع کر دیتے ہیں کہ دوستی کی آڑ میں غرض مندی کا جال بچھنے نہیں پاتا اور وہ جو آپ کو اس جال میں پھنسانا چاہتا تھا، آپ کی اس چال سے اس خوف

کے مارے کہ کہیں وہ خود نہ کسی جال میں پھنس جائے اور لینے کے دینے پڑ جائیں۔ جلدی سے کوئی بہانہ تراش کر، الوداع کہتے ہوئے دُم دبا کر آپ سے رخصت ہو جاتا ہے اور آپ اپنے پروردگار کا لاکھ لاکھ شکر بجا لاتے ہیں کہ ؎

رسیدہ بود بلائے ولے بخیر گزشت

من تُرا پاجی بگویم تو مِرا اللہ بگو

فن کاروں، ادیبوں، نقادوں اور شاعروں میں اکثر رقابت کا جذبہ کارفرما رہتا ہے۔ مگر ان میں جو اَنا شاعروں میں پائی جاتی ہے اس کا جواب نہیں۔ یہ لوگ بڑے جادو بیان، ذی شعور، دانا و ہوشمند انسان مانے جاتے ہیں۔ مگر جب سوال ان کے مقابلے کا کسی اور شاعر سے ہو تو پھر ان کا شعور ان کی تہذیب و تربیت، ان کا علم اور ان کی فہم و فراست ان سے یوں کوسوں دُور بھاگ جاتی ہے جس طرح کسی راشی عہدہ دار کے عہدہ سے ہٹ جانے پر اس کی خوشامد کرنے والے جو اس کو پلیگ کا چوہا سمجھنے لگتے ہیں، یا کسی منتری جی کے اقتدار کھو دینے پر اُن کے چمچے جو سر پر پاؤں رکھ کر اس طرح ان سے دُور بھاگتے ہیں جس طرح کسی گرتی ہوئی عمارت کے پاس کھڑے لوگ ملبہ کے نیچے

دب جانے کے ڈر سے بھاگ جائیں۔

ویسے تو شاعروں کی آپس کی چپقلش اور جلن کوئی نئی بات نہیں، اساتذہ سخن کے زمانے میں بھی اُستاد شاہ ذوق اور غالب کے درمیان مخاصمت بھی یہ روایت صدیوں سے جاری ہے۔ اب بھی دانشوروں کا یہ طبقہ اپنے دل میں ایک دوسرے کے لئے بیر رکھتا ہے۔ کسی دوسرے کی تعریف و توصیف ان کی موجودگی میں ان کے لئے ناقابلِ برداشت ہو جاتی ہے اور جس طرح وہ ایک دوسرے کو رگیدنے اور پرخچے اُڑانے پر اتر آتے ہیں اس کا کچھ کانوں سُنا حال آپ کی تفریحِ طبع کے لئے پیش کرنے کی جسارت کی جاتی ہے۔

ہُوا یوں کہ ایک دن مولانا امرود مرودآبادی میرے غریب خانہ پر تشریف لے آئے۔ چھٹی کا دن تھا اور فرصت ہی فرصت تھی۔ کچھ اِدھر اُدھر کی باتیں ہوئیں اور ہوتے ہوتے شاعری کی باتیں ہونے لگیں۔ باتوں باتوں میں میں نے حضرت بارود بیس بنکوی کا ذکر کر دیا ــــ میں نے کہا وہ بھی تو اچھے شاعر ہیں۔

امرود صاحب جو اچھلے بھلے بڑے اطمینان سے بیٹھے تھے، کُرسی پر سے ایک دم اس طرح اچھل پڑے جیسے کسی بچھو نے ڈنک مارا ہو، خیر ہوئی کہ وہ گر نہیں پڑے۔ ذرا سنبھلے تو دانت پیستے ہوئے اور آنکھوں سے چنگاریاں برساتے ہوئے، فرمانے لگے 'یہ آپ کی رائے ہے؟

میں سنبھل گیا: میں نے کہا کہ قبلہ! میرے جیسا جاہل کسی شاعر کے بارے میں کوئی رائے قائم کرنے کا اہل نہیں۔ میں نے تو ویسے ہی برسبیل تذکرہ کچھ کہہ دیا تھا۔ کہنے لگے تعجب ہے کہ ایک ایسے شخص کے بارے میں ایسے خیال کا اظہار، جس کی گردن پر ایک عجیب چھوٹی سی شئے اُگی ہوئی ہے جس کو وہ خود شاید سر اور میں بسرکہ میں بھیگی ہوئی پیاز سمجھتا ہوں۔ یہ چیز اس قدر چھوٹی ہے کہ اس ناپ

کی ٹوپی بازار میں نہیں ملتی اور اس لئے ان کو ایسے درزیوں سے اپنی ٹوپی سلوانی پڑتی ہے جو مداریوں کے لئے بندروں کے سر کی ٹوپیاں سینے کے ماہر ہیں۔ اس اعتبار سے جو تھوڑا بہت مادہ جسے بھیجہ کہہ سکتے ہیں وہاں شاید کبھی تھا۔ جگہ کی تنگی کی وجہ سے ڈھل کر ان کے پیروں میں پہنچ گیا ہے جس کی وجہ سے ان کے پیر بھاری ہو گئے ہیں اور سر ہلکا پھلکا۔ جو شئے نیچے نہیں اتر سکی وہ سڑے ہوئے اخروٹ کے گودے سے بھی کم ہی ہوگی !!

.... میں نے سنا ہے کہ کل وہ ایک حادثے کا شکار ہو گئے تھے کیونکہ ان کے ڈبیا نما سر میں ایک خیال کوند گیا تھا۔ سنا ہے کہ اس کے شاک سے وہ علیل ہو گئے ہیں۔ میں نے تو یہ بھی سنا ہے کہ مستقبل کا حال بتانے والے ان سے آدھی فیس لیتے ہیں کیونکہ ان کے ماضی، حال اور مستقبل میں کچھ ہے ہی نہیں۔ عام طور پر عمر کے ساتھ انسان کو کچھ شعور کچھ عقل آ ہی جاتی ہے، مگر وہ بے چارے کیا کریں ان کی عمر بڑی رئیسانہ مزاج رکھتی ہے اور ڈبہ محفوظ کرا کے اکیلے ہی سفر کرتی ہے۔ اس لئے قبلہ فہم سے کوئی راہ و رسم پیدا نہیں کر سکے۔

میں نے امرود صاحب کو ٹھنڈا پانی منگوا کر پلایا، سوچا کہ شاید اس سے ان کی بھڑکی ہوئی آگ سرد پڑ جائے، مگر پانی نے ان کی طبع پر وہی اثر کیا جو پتھر کے کوئلوں پر پانی ڈالنے سے ہوتا ہے یعنی آگ اور بھڑک اٹھی۔

فرمانے لگے کہ آپ اس شخص کی تعریف کر رہے تھے جو دوسرا جنم لینے کا زندۂ جاوید ثبوت ہے، کیونکہ ایک جنم میں انسان بیوقوفی کے اتنے اونچے درجے پر ہرگز ہرگز نہیں پہنچ سکتا۔ کوئی بھی خیال خصوصاً اچھا خیال اس کے دماغ میں نہیں ٹھہر سکتا کیونکہ وہ تنہائی کی قید برداشت کرنا نہیں چاہتا۔ اس شخص کو تو ہڈیوں کا ماہر بننا چاہئے تھا کیونکہ اس کے سر میں سوائے ہڈی کے اور کچھ نہیں ....

میں نے تو یہ سُنا ہے کہ ان کے اس حصۂ جسم کے لئے جس کو سر کہتے ہیں ایک ایسا تابوت بنایا گیا ہے جو ان کے سر پر منڈھ دیا جائے گا۔ ایسے تابوت ان لوگوں کے لئے ایجاد کئے گئے ہیں جو گردن سے اُوپر رحلت فرما چکے ہوتے ہیں۔ میں تو یہ کہوں گا کہ بعض چھتریوں کی مٹھوں میں بھی اس خردماغ کے اخروٹ جتنے سر سے زیادہ دماغ ہو گا ۔۔۔!

جب جناب امرود صاحب دم لینے کے لئے ذرا رُکے تو میں نے کہا قبلہ، اب خدارا رُک جائیے، میں نے ویسے ہی برسبیلِ تذکرہ ان کا نام لے لیا تھا میرا مقصد ہرگز ہرگز آپ کو اشتعال دلانا نہیں تھا۔ آپ تو جانتے ہی ہیں کہ میں آپ کی کیسی قدر و عزت کرتا ہوں، اور میری دانست میں آپ کا کتنا اونچا درجہ ہے۔

حضرت امرود نے میرا شکریہ ادا کیا اور کہنے لگے کہ یہ تو میں بخوبی جانتا ہوں، اسی لئے تو آپ کے درِ دولت پر کبھی کبھار آجاتا ہوں ۔۔۔ مگر اس مردِ ملعون کا ذکر اور ستائش کے الفاظ میں ۔۔۔! میرے لئے یہ برداشت سے باہر ہے۔ ایسے کلمات اس احمقوں کے سالار کے لئے برسبیلِ تذکرہ بھی زبان سے نہیں نکلنے چاہئیں۔ آپ شاید نہیں جانتے کہ اس کے سر میں نہ صرف دماغ ہی نہیں بلکہ صرف یک رخی راستہ ہے جو سر سے باہر کی طرف نکلتا ہے۔ اس کے اندر کسی چیز کے داخل ہونے کی ممانعت ہے۔ بہت سے ڈاکٹر اس کے سر کا معائنہ کر کے بتا چکے ہیں کہ اس میں کچھ بھی نہیں ہے۔ اگر وہ کبھی سر کا شکار کرنے والے وحشیوں کے ہتھے چڑھ جائے تو وہ اس کے سر کو ایک نظر دیکھ کر پرے ہو جائیں گے کیونکہ اس سر کا بطور ٹرافی رکھنا ان کے لئے باعثِ شرم ہو گا۔ میں سمجھتا ہوں کہ یہ شخص وہ واحد انسان ہے جو چھٹی حس رکھتا ہے۔ کیونکہ پہلی پانچ حسوں کی موجودگی کا اس کی ذاتِ ابتر میں ایک

کوئی ثبوت نہیں مل سکا ہے۔

میں تو یہ کہوں گا کہ یہ شخص آئین اسٹائن سے بھی بڑھ چڑھ کر ہے کیونکہ آئین اسٹائن کے متعلق مشہور ہے کہ اس کو صرف بارہ آدمی سمجھ سکے تھے اور میرے دوست کا یہ کارنامہ ہے کہ اس کو ایک انسان بھی سمجھ نہ سکا۔۔ (یہ) عام حالت میں تو وہ غائب دماغ سا رہتا ہے۔ کہتے ہیں کہ ایک مرتبہ کسی سے جھگڑتے ہوئے جب اس کے سر پر ایک دو شدید ضربات پہنچائی گئیں تو وہ کچھ دیر کے لئے ذی ہوش ہو گیا تھا۔ اس کے دماغ پر اگر کوئی چیز ٹک سکتی ہے تو وہ صرف ٹوپی ہے۔ اگر لاعلمی اور ناواقفیت مسرت پہنچاتی ہے تو یہ شخص دنیا کا سب سے مسرور انسان ہوگا۔

کہتے ہیں کہ ایک عام انسان کے دماغ میں بارہ ملین سیلز ہوتے ہیں مگر آپ کے شاعر کے دماغ کے گیارہ ملین نولاکھ ننانوے ہزار نوسو ننانوے سیلز مردہ ہیں۔ ایسا غبی اور شاعر ۔ کیسی مضحکہ انگیز بات ہے اس کی گردن دیکھ کر مجھے اس ٹائپ مشین کا نام یاد آتا ہے جو " انڈروڈ" کہلاتی ہے، جس کا مطلب ہے " لکڑی کے نیچے"۔

صاحب! اگر وہ کبھی بھول سے یہ بتلانے کے لئے منہ کھولے کہ اس نے کیا سمجھا ہے تو اس سے ایسا وسیع و بسیط سکوت طاری ہو جائے گا جو ناقابل برداشت ہوگا۔ میرے خیال میں یہ انسان کی کھال میں نظر آنے والا گدھا کبھی بھی عمر کی اس منزل پر نہیں پہنچ سکے گا جس میں وہ بے وقوفی کی نئی راہیں تلاش نہ کر سکے۔۔۔۔۔۔ اس کی جدید ترین حماقت یہ ہے کہ اس نے خود کو ایک ایسے ریڈیو کی ایجاد میں مصروف کر رکھا ہے جس میں سے رنگین الفاظ نکلیں۔ وہ ایک ایسی خوراک کی ایجاد میں بھی منہمک ہے جو خمیرا اور بوٹ پالش سے بنائی

جائے گی اور جس کو کھا کر لوگ اُونچا درجہ اور درخشانی حاصل کر سکیں گے۔!!

آپ یہ نہ سمجھئے کہ وہ ان دو حماقتوں سے مطمئن ہو گیا ہو گا۔ جی نہیں، وہ ایک ایسے پل کی تعمیر کے پُل بھی باندھ رہا ہے جو دریا کی چوڑائی کے وسط سے مڑ کر چلنے والے کو اسی جگہ واپس لے آئے جہاں سے وہ چلا تھا۔ جہالت کا یہ شہنشاہ کہتا ہے کہ یہ پل ایسے لوگوں کے لئے کارآمد ثابت ہو گا جو درمیان میں اپنا ارادہ بدل دیتے ہیں۔!!!

میں نے کہا، "امرود صاحب! خدارا......"

اور امرود صاحب نے بات کاٹ کر فرمایا کہ اگر اس کو کچھ کہو تو بات ایک کان کے راستے سے داخل ہو کر دوسرے کان میں سے باہر نکل جاتی ہے۔ بات یہ ہے کہ بات کو روکنے کے لئے راستہ میں کوئی رکاوٹ نہیں ہوتی۔! اس کے دماغ میں اگر کوئی خیال داخل کرنا ہو تو وہ صرف سر کا آپریشن کر کے ہی داخل کیا جا سکتا ہے۔

آپ اس کو مشورہ دیجئے کہ وہ سر کی ورزش کیا کرے کیونکہ ممکن ہے کہ ایسا کرنے سے اس کے دو کانوں کے درمیان جو چربی اُٹی ہوئی ہے کم ہو جائے۔

میں نے گھٹنے ٹیک کر اور ہاتھ جوڑ کر قبلہ امرود صاحب سے درخواست کی، اب بارود صاحب کو بخش دیجئے۔ جو خوبیاں آپ نے موصوف کی بتلائی ہیں وہ اتنی کافی ہیں کہ اس اثاثہ سے ان کی اولاد پشت در پشت ابتر اور ذلیل رہے گی اور وہ لوگ اپنی زندگی میں جہالت، فاترالعقلی، نادانی اور مورکھ پن کی دولت سے مالا مال اور زبوں حال رہیں گے۔

اور امرود صاحب نے کہا۔ مجھے اپنے دل کی بھڑاس تو نکال لینے دیجئے، وہ بھی تو بحیثیت شاعر داد ہی چاہتے ہیں، مجھے دل کھول کر داد دے

لینے دیجئے۔

میں نے عرض کیا کہ قبلہ اب وہ وقت آگیا ہے کہ موضوعِ سخن بدل دیا جائے اب تو صاحب آپ مجھے اپنی کوئی پھڑکتی ہوئی چیز سنائیے اور یہ سن کر حضرت امرود مرود آبادی پھڑک اُٹھے۔ کہنے لگے کہ اگر آپ منہ کا ذائقہ بدلنا چاہتے ہیں تو میں حاضر ہوں ۔۔ آپ کا حکم سر آنکھوں پر . . . . .

اس کے بعد جو کچھ مجھ پر گزری اس کا اندازہ آپ بخوبی لگا سکتے ہیں۔ دوپہر ڈھلے جب وہ بالآخر بادلِ ناخواستہ رخصت ہوئے تو میں کثرتِ سماع سے بے ہوش ہونے ہی والا تھا۔

کچھ حال اپنے بارود بیس بنکوی صاحب کی شان میں بزبان شاعرِ خوش بیان اور ہزار داستان حضرت امرود مرود آبادی سُنا۔ اس واقعہ کے کچھ دن بعد ایک دن یہ بھی ہوا کہ میں امبروتس بیرس کی ایک نہایت دلچسپ کتاب پڑھتا بیٹھا تھا کہ حضرت بارود بیس بنکوی صاحب بنفسِ نفیس میرے غریب خانے پر تشریف لے آئے۔ کہنے لگے اِدھر سے گزر رہا تھا، سوچا کہ کچھ دیر آپ کی صحبت سے فیضیاب ہوتا چلوں۔ ویسے تو کرنے کے بہت سے کام ہیں مگر یہ ممکن نہ تھا کہ میں آپ کے درِ دولت کے سامنے سے آپ کا نیاز حاصل کئے بغیر گزر جاتا۔

میں نے موصوف کو دیکھتے ہی اس بات کا پکا ارادہ کر لیا کہ تعریف تو الگ رہی، بھُولے سے بھی ان کی موجودگی میں کسی شاعر کا نام نہ لوں گا۔ میں نے موصوف کو بٹھایا۔ صیغہ واحد میں مزاج شریف پوچھا کیونکہ صیغہ جمع میں اس کا استعمال بقول دانشوران زبان غلط ہے۔ کہنے لگے 'خدا کا شکر ہے' ویسے

تو اچھا بھلا ہوں مگر اس مردود آباد کے امرود ــــ خدا اسے غارت کرے ــ کی زبان آج کل اس قدر دراز ہوگئی ہے کہ اگر وہ بھول سے خط کو ٹکٹ لگائے بغیر لیٹر بکس میں ڈال دے تو اپنی زبان کو لمبا کر کے وہ لیٹر بکس کے اندر خط پر ٹکٹ چسپاں کر سکتا ہے۔ بس صاحب یوں سمجھئے کہ بکتا ہے تو بکتا چلا جاتا ہے۔ میں تو یہ سمجھتا ہوں کہ اس کی زبان کو دھڑکے کی بیماری ہوگئی ہے اور اس کو گراموفون کی سوئی سے ٹیکہ لگا دیا گیا ہے۔ اس خانماں خراب کا دماغ چل گیا ہے۔ وہ شہر کا سب سے بڑا رذیل، ذلیل اور کمینہ شخص ہے۔

میرا دل دھک دھک کرنے لگا۔ بارود صاحب تو سیلف اسٹارٹر نکلے بارود صاحب کے اس آناً فاناً بے دھڑک اور راست حملہ نے مجھے نروس کر دیا اور باوجود میرے اس ارادے کے کہ کسی شاعر کا نام یا کسی کی تعریف نہیں کروں گا میری زبان سے نکل گیا کہ ــ "خیر تو ہے بارود صاحب! امرود صاحب بھی تو شاعروں کی برادری کے آدمی ہیں اور غالباً شاعری میں ان کا بھی کوئی مقام ہوگا، اور کہتے ہیں ان کا ترنم اچھا ہے"۔

کہنے لگے "شاعروں کی برادری کا آدمی" "شاعری میں مقام" اور "اچھا ترنم" یہ تینوں باتیں درست نہیں، اس لئے کہ اول تو وہ آدمی ہے ہی نہیں، وہ ایک جانور ہے، شاعری میں مقام کے بارے میں مجھے یہ عرض کرنے دیجئے کہ اس سفلے کا صحیح مقام تحت الثریٰ میں ہے اور باقی رہا ترنم تو یہ ایک ایسی شئے ہے جو راست دل پر اثر انداز ہوتی ہے۔ مطلب یہ کہ اس کے ترنم کو سن کر رونا آتا ہے، آنکھیں تر اور نم ہوجاتی ہیں، کیونکہ وہ گھسیارا خود بین کر رہا ہوتا ہے......

کہنے لگے کہ اب جو آپ نے اس شخص کے بارے میں نیک کلمہ زبان سے

نکالا ہے تو مجھے اس بات کا حق پہنچتا ہے کہ میں اس کی قلعی کھول کر رکھ دوں۔ یہ شخص تو مار آستین ہے جس کا واحد علاج اس کی کھال کھینچ لینے سے ہی ہو سکتا ہے لیکن آپ کے دل میں جو غلط فہمی پیدا ہو گئی ہے اس کو دور کرنا میرا فرض ہے۔

میں نے سُنا ہے کہ یہ شخص جو کیبول کا بادشاہ اور رذیلوں کی صحبت میں بیٹھ کر سور کھتا کے تانے بانے بنتا رہتا ہے اس کو اس عمر میں بی اے کی ڈگری محض اس لیے دے دی گئی ہے کہ پچھلے پندرہ برس سے جامعہ میں اس کی موجودگی سے دیگر طلبا، بیوقوفیوں اور احمق پن کے مرض کا شکار ہو رہے تھے۔ یہ مجسم جہالت مرض متعدی بن چکا تھا۔ خیر احمق امردد نے بی اے بن کر اس بات کا ثبوت دے دیا ہے کہ اس نے بالآخر انگریزی زبان کے پہلے دو حروف پر عبور کامل حاصل کر لیا ہے اور وہ بھی الٹی طرف سے......

میں نے یہ بھی سُنا ہے کہ یہ یہ دال کا بودم اور بے دال کا شرد کہتا پھر رہا ہے کہ بی اے کا مطلب ہے" بڑا آدمی"۔ مگر جناب والا اگر بی اے کا اُردو میں مطلب ادا کرنا ہو تو میں کہوں گا کہ وہ بُرا آدمی، بدذات آدمی، بدمعاش آدمی، بدکار آدمی، بے حیا آدمی، بدتمیز آدمی، بدنام آدمی، بے شرم آدمی، بدنفس آدمی، بدکردار آدمی، بے مروت آدمی، بدزبان آدمی، بے لگام آدمی، بدشعور آدمی، بدتہذیب آدمی، بدمذاق آدمی، بے آبرو آدمی، بدکلام آدمی، بدگفتار آدمی، بے سروپا آدمی، بے عقل آدمی، بے سمجھ آدمی، بے فہم آدمی، بے ڈھنگا آدمی ہے۔

میں نے کہا، بارود صاحب! جواب نہیں آپ کا......

اور بارود صاحب نے فرمایا کہ جس چیز کا درحقیقت کوئی جواب نہیں وہ امردد صاحب کی جہالت ہے۔ اس شخص کے پاس عقل نامی کوئی چیز

نہیں۔ ایک دفعہ جب کسی نے ان کو بتلایا کہ فلاں فلم میں ایک شکاری نے شب خوابی کے لباس میں ایک ہاتھی کو مار گرایا تو یہ احمق پوچھنے لگا کہ چلو ہٹاؤ اس بے سر و پا حکایت کو ۔ آخر شب خوابی کا لباس پہنے ہاتھی جنگل میں کیا کر رہا تھا ؟ ....

پھر جب کسی صاحب نے اس عقل کے اندھے سے پوچھا کہ اس کے شہر میں کبھی کوئی بڑے آدمی بھی پیدا ہوئے تھے تو کہنے لگا "جی نہیں ۔ ہمارے شہر میں تو صرف بچے ہی پیدا ہوتے ہیں ۔

اس کے علاوہ جب ایک بیمہ کمپنی نے تشہیر کی غرض سے اس بات کا اعلان کیا کہ اس کمپنی نے گزشتہ سال میں حادثوں میں ٹوٹنے والے بازوؤں اور ٹانگوں کے لئے ڈیڑھ کروڑ روپے بطور عوضانہ دیئے تھے تو ہمارے مٹی کے مادھو سے نہ رہا گیا اور وہ لوگوں سے یہ پوچھتا پھرتا تھا کہ آخر بیمہ کمپنی ٹوٹے ہوئے بازوؤں اور ٹانگوں کو کس مصرف میں لاتی ہے ؟

صاحب ! کوڑ مغزی کی بھی کوئی حد ہوتی ہے ۔ اس کی ایک اور مثال پیش خدمت ہے ۔ ایک مرتبہ ایک نہایت ضعیف اور ناتوان عورت گر پڑی تو اس رئیس الخر ان نے اس کی کوئی مدد نہیں کی کیونکہ اس کو اپنی اماں جان کی وہ نصیحت یاد تھی کہ گری ہوئی عورتوں سے کبھی کوئی سروکار نہ رکھنا ۔

میں نے کہا، قبلہ بارود صاحب ! آپ نے امرود صاحب کے بارے میں کافی معلومات فراہم کر دی ہیں، کیوں نہ اب کسی اور مسئلے پر بات کی جائے ؟ اور بارود صاحب نے فرمایا ....." کافی معلومات ۔ ؟ اجی صاحب ابھی تو میں ابتدائی مراحل ہی طے کر رہا ہوں ورنہ یہ بد ذات الدولہ تو کھود کر گاڑ دینے کے قابل ہے اور اس کی سب سے بڑی حرامزادگی یہ ہے کہ وہ لوگوں کی جوتیاں چاٹتے ہوئے کچھ ہمدردی کا جذبہ پیدا کر لیتا ہے اور جب تک میرے جسم

میں لہو کا ایک قطرہ بھی باقی رہے گا میں اس شخص کے بارے میں کسی قسم کی خوش خیالی نہیں پیدا ہونے دوں گا۔ شرفا کے لئے اس کی ذات بیحد خطرناک ہے ....

کچھ سال پہلے اس حماقت الملک نے سنہ ۱۹۷۰ء کے ہزاروں کیلنڈر اس اُمید پر خرید لئے تھے کہ اگر سنہ ۱۹۷۰ء آئندہ کبھی واپس آجائے تو وہ لاکھوں روپے کما سکے گا — اور یہ بھی سُننے میں آیا ہے کہ جب دوسری صبح اس کا ڈاکٹر اس کے خون کا امتحان لینے والا تھا تو اس گندے خون کے انسان نے ساری رات خون کے موضوع پر کتابیں پڑھنے میں گزار دی تاکہ کل کے لئے جانے والے امتحان میں کامیاب ہو جائے — اور صرف یہ ہی نہیں بلکہ جب کسی شخص نے "کامن مارکٹ" کے بارے میں ان سے پوچھا تو اس احمق مطلق نے بڑی شان سے یہ جواب دیا کہ میں مارکٹ کا حال کیا جانوں میرے گھر کی سب خرید و فروخت میرا نوکر ہی کرتا ہے۔

جناب والا! جب تک میں اس مردود کی تمام حماقتوں کا حال آپ کے گوش گزار نہیں کروں گا آپ اس کمینے اور بدتہذیب احمق کو نہیں جان سکیں گے بدتہذیب اور کمینہ تو وہ پیدائشی ہے مگر اس سے بڑھ کر پاگل اور سودائی ہے اور اس پہ دعویٰ کرتا ہے شاعر ہونے کا — ! ذرا سُنئے اس کی بیوی نے اپنی سہیلیوں سے یہ شکایت کی ہے کہ ایک رات جب اس بکری کی اولاد کو اپنے بچے کی نگہداشت اس کی بیوی نے سونپ دی تو اس خطا کے پتلے نے بچّہ کے پنگوڑے کو کافی اونچائی پر رکھ دیا اور فرش پر سے قالین ہٹا دیا تاکہ اگر رات میں بچّہ پنگوڑے میں سے گر پڑے تو آواز سُن کر یہ خرمست اُٹھ سکے۔

اس بیمار دماغ شخص کو جب ایک ڈاکٹر نے بتلایا کہ ورزش سے

جراثیم مر جاتے ہیں تو اس نے ڈاکٹر کی بات ماننے سے اس لئے انکار کر دیا کہ جراثیم کو ورزش کرانا ناممکن سی بات ہے۔

میں نے بات کاٹنے کی کوشش کرتے ہوئے کہا "قبلہ بارود صاحب میری درخواست.....

اور قبلہ بارود نے میری بات کاٹتے ہوئے کہا کہ "مت روکئے مجھے ابھی کچھ اور کارنامے اس جہالت یار جنگ کے سُنتے چلئے۔ جس دن سے اس کند ذہن نے کسی مقرر کو یہ کہتے سُنا کہ دنیا میں ہر پانچواں بچہ جو پیدا ہوتا ہے چینی ہوتا ہے تو اس عقل کے اندھے نے جو چار بچوں کا باپ ہے فیملی پلاننگ شروع کر دی ہے اس خوف سے کہ کہیں اس کی بیوی کے بطن سے پیدا ہونے والا پانچواں بچہ چینی نسل کا تولد نہ ہو جائے۔

اس کے علاوہ وہ یہ بھی کہتا پھرتا ہے کہ اگر ایڈیسن بجلی کے بلب کی ایجاد نہ کرتا تو ہم کو ٹیلی ویژن موم بتی کی روشنی میں دیکھنا پڑتا۔

پھر ابھی کچھ دن پہلے کی بات ہے جب یہ غبی کسی آثار قدیمہ کی دکان میں رکھے نوادرات کو دیکھتے ہوئے یہ نادر بات کر بیٹھا کہ آج کل آثار قدیمہ کے نمونے ایسے اچھے نہیں بنائے جا رہے ہیں جیسے پہلے بنائے جاتے تھے۔ میں نے تو یہ بھی سُنا ہے کہ دھرتی کے اس منفرد لوجھ نے ایک دن ایک جوتشی سے یہ معلوم کرنے کی کوشش بھی کی تھی کہ اس کی موت کس مقام پہ واقع ہو گی، وہ اس مقام سے پرے رہ کر امر ہو جانا چاہتا ہے جبکہ اس کو اب تک یہ بخوبی معلوم ہو جانا چاہئے تھا کہ جس قدر احمق پن اور بیوقوفیوں کے مظاہرے وہ اب تک کر چکا ہے ان کے باعث وہ کبھی کا امر ہو چکا ہے۔

اس نوبت پر میں نے حضرت بارود صاحب سے اس بات کی اجازت

چاہی کہ اگر ان کی گفتار کی رفتار میں خلل واقع نہ ہو تو ایک ایک پیالی چائے پی لیں ۔ بارود صاحب نے از راہِ نوازش فرمایا کہ نیکی اور پوچھ پوچھ، مگر جب تک چائے آتی ہے آپ کو یہ بھی بتلا دوں کہ ابھی کچھ ہی دن کا واقعہ ہے کہ یہ لکڑی اور ہڈی کا انسان باوجود نہایت سخت جان واقع ہونے کے بیمار پڑ گیا تھا ۔ جب کوئی رشتہ دار اس کی مزاج پرسی کے لئے آیا تو ، امرود کسی ربر کے گیسند کی طرح اچھل رہا تھا ، اس سوال کے جواب میں کہ یہ کیا ہو رہا ہے ، ارشاد ہوا کہ ڈاکٹر کی یہ ہدایت کہ دوائی پینے سے پہلے بوتل کو اچھی طرح ہلا لینا ، بھول جانے کے باعث دوائی پینے کے بعد اس کمی کو پورا کیا جا رہا تھا ۔

اور یہ وہی کمینہ شخص ہے جس سے جب ایک فقیر نے روٹی کے لئے چار آنے مانگے تو اس نے فقیر سے پوچھا پہلے مجھے روٹی تو بتلاؤ ۔

بارود صاحب نے تفصیلات جاری رکھتے ہوئے فرمایا کہ اس ذلیل کتے نے ایک کتا بھی پال رکھا ہے جو اس کو ترنم سکھلاتا ہے ۔ کچھ دن سے اس کا کتا گم ہو گیا ہے اور وہ اخبارات میں اس کی واپسی کے لئے اشتہار اس لئے نہیں دے رہا ہے کیونکہ وہ کہتا ہے " میرا کتا پڑھنا نہیں جانتا" ۔ اور پھر.......

اتنے میں چائے آ گئی اور بارود صاحب بادلِ ناخواستہ اس کی طرف متوجہ ہوئے مگر ہر ایک گھونٹ کے بعد وہ کہتے جاتے تھے کہ ابھی وہ امرود کے ساتھ پورا پورا انصاف نہیں کر سکے ہیں ۔ ذرا یہ چائے ختم ہو جائے تو میں ان کا قصہ ـــــ کم از کم ان غلط فہمیوں کا قصہ جو اُن کے متعلق کہیں کہیں پیدا ہو گئی ہیں تمام کر کے ہی بس کروں گا ۔

میں نے التجا کی کہ اب امرود صاحب کے بارے میں مزید اور کچھ نہ فرمایئے کیونکہ جو کچھ آپ فرما چکے ہیں اگر ان باتوں کا وزن ہوتا اور ان کو تولا جا سکتا تو میرے خیال میں اس وزن کو امرود صاحب پر مارنے سے وہ زمین میں گڑ کر تحت الثریٰ پہنچ جاتے — اور پھر اب جبکہ آپ زحمت فرما کر اس حقیر کی جھونپڑی میں پدھار چکے ہیں تو بڑی ذرہ نوازی ہوگی۔ اگر آپ اور باتوں کو فراموش کرتے ہوئے خاکسار کو اپنے تازہ ترین کلام سے نوازیں تاکہ زندگی کی کلفتیں دور ہوں اور دل کی کلیاں کھل جائیں۔

میری درخواست سن کر حضرت بارود بیس بنکوی صاحب کی آنکھوں میں ایک نئی چمک پیدا ہو گئی، کہنے لگے دیر تو ہو گئی ہے مگر آپ جیسے کرم فرماؤں کی بات میں کیسے ٹال سکتا ہوں۔

اس کے بعد قطعات، رباعیات، غزلیات اور نظموں کا سلسلہ شروع ہوا۔ چھوٹی، درمیانی اور لمبی بحر کے نمونے مجھے عطا فرمائے گئے۔ میں نے حسبِ استطاعت ہر بحر میں داد دی۔ جب توجہ چاہی گئی تو ہمہ تن توجہ حاضر کی۔ جب انھوں نے اپنی خاص پسند کا چیز بخشی تو میں نے جھولی بھر لی جب انھوں نے بالکل نیا خیال تحریرات کیا تو میں نے اسے سر آنکھوں سے لگایا۔ جب کوئی اچھوتی ترکیب میری طرف پھینکی گئی تو میں نے اس کو پھرتی سے کیچ کر لیا اور عش عش کر اٹھا۔ جب انھوں نے مرصع چیز مرحمت فرمائی تو میں مالا مال ہو گیا۔ اس دوران میں کچھ دور اور چائے کے چلے جن کے محرک خود بارود صاحب ہی تھے۔ کبھی کبھی تو فرمائش منظوم ہوتی اور تعمیل بھی منظم طور پر ہوتی رہی۔

بہر حال یہ سلسلہ کافی دراز رہا۔ بالآخر جب وہ کسی پری وش کی

انگڑائی کی تصویر باندھ رہے تھے تو دفعتاً ان کے دماغ میں غالباً بیوی کی وہ تصویر آگئی جس میں وہ بیلن اُٹھائے ان کے بل نکالنے پر تُلی ہوئی ہوں اس نوبت پر انھوں نے کلام کو قطع کیا، شکریہ ادا کرتے ہوئے اور معذرت چاہتے ہوئے کہ وہ اپنی چند پسندیدہ مثنویاں نہیں سُنا سکے، رخصت ہوئے اور میں نے نجات پائی۔

اس بات کا فیصلہ کہ ہجو کرنے کے اس مقابلے میں کون سبقت امرود صاحب یا بارود صاحب لے گئے میں قارئین پر چھوڑتا ہوں، مجھے صرف اس قدر عرض کرنا ہے کہ جو چٹخارہ امرود صاحب کی زبان میں تھا اور جو آتش بارود صاحب کے بیان میں تھی میں اس سے پورا پورا انصاف ہرگز نہیں کرسکا ہوں۔

غریبی ہٹاؤ

پچھلے انتخابات کے زمانے سے ہم مسلسل "غریبی ہٹاؤ۔ غریبی ہٹاؤ" کا نعرہ سُنتے آئے ہیں۔ غریب سر پیٹ رہے ہیں کہ ان کا پیٹ خالی ہے۔ عام جنتا اُس جنت میں جانے کے لئے ایڑیاں رگڑ رہی ہے جو غریبی ہٹنے کے بعد پیدا ہونے والی تھی۔ سفید پوش واویلا مچا رہے ہیں کہ وہ ننگے ہو گئے ہیں اور ان پر غریبی کی میلی کچیلی چادر ڈال دی گئی ہے۔ اس حالت کے لئے آئے دن حکومت کو کوسا جاتا ہے کہ اس نے غریبی نہیں ہٹائی۔ یہ سب کچھ ایک زبردست غلط فہمی کے باعث ہو رہا ہے اور حیرت ہے کہ اب تک حکومت نے اس بارے میں وضاحت کیوں نہیں کی۔ دراصل غریبی ہٹانے کے جو اعلان کئے گئے تھے ان کا منشا، صرف یہ تھا کہ ریاستی حکومتوں اور مرکزی حکومت کی کبھی نہ ختم ہونے والی غربت کو ہٹایا جائے۔

چنانچہ اس مقصد کو حاصل کرنے کے لئے ہر نئے مالیاتی سال کے موقعہ پر ریاستوں اور مرکزی حکومت کے وزرائے خزانہ نئے ٹیکسوں کی دریافت میں اپنے اس حصہ جسم کو جس سے وہ سمجھتے ہیں کہ وہ سوچ سمجھ سکتے ہیں، بغیر اوور ٹائم الاؤنس حاصل کئے، بڑی بے دردی سے استعمال کر رہے ہیں۔ کام واقعی بڑا مشکل ہے۔ کیونکہ ان کے پیش روؤں نے پسینہ بہا کر عوام کو ایسی حالت میں پہنچا دیا ہے جس میں ٹیکسوں کی ادائی کے لئے ان کو خون بہانا پڑ رہا ہے۔ اس حالیہ مالیاتی سال کے بعد تو حالت یہ ہو گئی ہے کہ لوگ شکر اس احتیاط اور اختصار سے چائے میں ڈالتے ہیں جس طرح کوئی ہومیوپیتھک ڈاکٹر دوائی کی خوراک بنا رہا ہو، برش پر ٹوتھ پیسٹ اس طرح پھیلائی جاتی ہے جس طرح کوئی پیتھالوجسٹ، قطرہ خون کو سلائیڈ پر یہ جاننے کے لئے پھیلاتا ہے کہ آخر اس بنے مریض کے دل میں اس قدر شور کیوں مچایا ہوا تھا اور پھر صابن کے استعمال میں گیلا ہاتھ صابن پر اس طرح پھیرا جاتا ہے جس طرح کوئی بزرگ کسی بچے کے سر پر ہاتھ پھیر کر آشیرواد دے رہا ہو۔ لیکن اس کے باوجود اب تک جو ٹیکس لگائے گئے ہیں وہ اشیاء بشمول آمدنی پر عاید ہوتے ہیں۔ اور اگرچہ یہ ٹیکس کافی کڑے ہیں، حکومتوں کی غریبی اب تک قائم و دائم ہے۔ یہی وجہ ہے کہ ہماری سڑکیں ٹوٹی پھوٹی، شہر غلیظ و گندے، ریلیں خراب و خستہ، ملک بھر میں پانی، بجلی، کوئلے اور اب تو نوٹ چھاپنے کے کاغذوں کی بھی قلت پیدا ہو گئی ہے اور ہر جگہ خاک اڑ رہی ہے۔

حکومتوں کا اپنی غریبی دور کرنے کے لئے ایڑی چوٹی کا زور لگانا، اب تک سوائے لوگوں کی بد دعائیں حاصل کرنے اور اسمبلیوں میں مخالف پارٹی والوں کی گالی گلوچ کھانے کے بالکل بے سود ثابت ہوا ہے۔ ہر حکومت

کا موازنہ خسارے کا موازنہ ہے۔ آمدنی کم اور اخراجات زیادہ ہیں اس لیے اب وہ وقت آن پہنچا ہے جبکہ اشیاء اور آمدنی کے علاوہ انسان کی نقل و حرکت عادات و اطوار وغیرہ کو بھی جھنجھوڑ کر مزید ٹیکس نچوڑا جائے تاکہ ریاستی حکومتوں اور مرکزی حکومت کی غریبی ہٹ جائے۔ آپ ہی بتلائیے کہ حکومتیں اوروں کی غریبی کیوں کر ہٹا سکتی ہیں جبکہ وہ خود سالہا سال سے مرضِ غربت میں مبتلا ہیں اور اپنا علاج ابھی تک نہیں کر سکیں۔

ہم نے بڑے سوچ بچار کے بعد چند تجاویز نئے ٹیکسوں کی سوچی ہیں جو تمام وزرائے خزانہ کی نذر کی جاتی ہیں۔ جو ذرائع ان تجاویز میں بتلائے گئے ہیں ان پر ابھی تک ملک کے ٹیکس تراشوں کی نظر نہیں پڑی۔ ملاحظہ فرمائیے:

ایک قانون نافذ کیا جائے جس کا نام ضابطہ کی تکمیل کی خاطر "قانون بنا سُدھار" رکھا جائے اور یہ وضاحت کی جائے کہ قوم سے مراد ہے ہندوستان کے سب باشندے بشمول شامل نادر کے رسیتے، بال ٹھاکرے کے چیلے، اسمبلیوں کے اراکین، لوک سبھا اور راجیہ سبھا کے سبھی ممبران، وزرا قلمدانی، خاندانی یا پھر پاندانی!

اس قانون کی جملہ دفعات ملک کے ہر حصہ میں عائد کی جائیں۔ ان سے کوئی شخص بوجہ رنگ یا بے رنگی، نسل یا بے نسلی، اصلی یا نقلی، ذات پات، یا صنف (سوائے ایک استثنار کے جس کا ذکر آگے آئے گا) مستثنیٰ نہیں ہوگا ملک کے موجودہ دستور اور دیگر تمام قوانین کی کوئی دفعہ ترامیم سے پہلے یا بعد، یا پھر ایسی ترامیم جو آئندہ کی جائیں اس قانون کی کسی دفعہ کو رد نہیں کر سکے گی۔ اس قانون کے خلاف عدالتی چارہ جوئی کا اقدام کرنے پر اور کسی عدالت میں درخواست قبول کرنے پر درخواست گزار اور عدالت کے متعلقہ جج کو حبسِ دوام کی سزا ان

کی جائیداد بطورِ ٹیکس ضبط کرنے کے بعد دی جائے، جس میں کسی نوبت پر کسی بھی ذریعہ سے کوئی کمی نہ کی جائے۔ اس ضمن میں سزا یابوں کے رشتہ داروں یا عزیزوں (بلا لحاظ اس کے کہ انھوں نے جنگ آزادی کے زمانے میں حقیقتاً جیل بھگتی ہو) کی خاطیوں کو چھڑانے کی کوشش بجائے خود ایک جرم متصور کیا جائے جس کی پاداش میں ان کی بھی تمام جائیداد ضبط کر کے ان کو بھی حبسِ دوام کی سزا سے سرفراز کیا جائے۔

اس قانون کے تحت پس ماندہ طبقہ کو خواہ وہ کتنے ہی پس ماندہ کیوں نہ ہوں اور اقوام درجِ فہرست کو بلا لحاظ اس کے کہ ان کے نام زرّیں حروف میں لکھے گئے ہوں کسی قسم کی رعایت نہ دی جائے۔

قانون کا نفاذ چلتی پھرتی متحرک عدالتوں کے ذریعہ کیا جائے۔ قانون کی خلاف ورزی کرنے والوں کو جائے وقوعِ جُرم پر سزا دی جائے اور وہیں ٹیکس وصول کیا جائے۔ عدالتوں کی سہولت کی خاطر سزاؤں کی صراحت بھی مسودہ قانون میں درج کی جا رہی ہے:

مندرجہ ذیل حرکاتِ انسانی اس قانون کے تحت جرم کی تعریف میں آئیں گی جن کی سرزدگی پر خطاواروں کو سزا دی جائے گی:

جُرم (۱) جو لوگ سائیکل کے پیڈلوں پر ایڑیاں جمائے اکڑ کر سائیکل چلائیں۔

اول تو سائیکل کی پیڈل پر ایڑی جمانا بجائے خود ایک حماقت ہے اور اس پر سائیکل ران کی اکڑ اس حماقت کو دوآتشہ بنا دیتی ہے جس سے سائیکل چلانے والا توازن برقرار نہیں رکھ سکتا۔ اس حرکت سے بے شمار حادثے واقع ہوتے ہیں جن کی روک تھام ضروری ہے۔ اس جرم کے ارتکاب پر سائیکل سوار سے سائیکل کی قیمت کی حد تک ٹیکس وصول کیا جائے۔

جُرم (۲) جن اکثر بھگوں کا ذکر جرم (۱) میں کیا گیا ہے، اگر ان کے سر کے بال (مردوں کی حد تک) ایسی اُگان کے ہوں جس سے ان کی آنکھوں پر بال چھائے ہوئے ہوں تو ان سے دو سائیکلوں کی قیمت بطور ٹیکس وصول کی جائے۔

جُرم (۳) جو لوگ سڑکوں کے بیچوں بیچ ہی چلنا پسند کریں یعنی سڑک کے کنارے نہ چلیں ان سے ان کے جسم کے کپڑوں بشمول جوتوں یا چپل کی قیمت بطور ٹیکس وصول کی جائے۔

جُرم (۴) جرم (۳) کا مرتکب اگر مرد ہو اور اس کی آنکھوں پر بالوں کا پردہ پڑا ہوا ہو تو قابلِ وصول ٹیکس دوگنا ہو۔

توضیح (۱) جرائم ایک تا چار اگر طالب علموں سے سرزد ہوں تو ٹیکس وصول کرنے کے علاوہ ان سے امتحان میں نقل مارنے کا حق چھین لیا جائے اور ان کا امتحان مقامی فوجی چھاؤنی میں ایک مسلح فوجی دستہ کی نگرانی میں لیا جائے۔ دورانِ امتحان ایسے طالب علموں کو سوائے پانی کے کسی قسم کی مدد مہیا نہ کی جائے۔ دیگر ضروریات کے رفع کے لئے ان کو کسی کھلے میدان میں بٹھایا جائے اور اس موقعہ پر اُن کی نگرانی ایسا فوجی عہدہ دار کرے جس کو جنگ میں مہاویر چکر مل چکا ہو۔ اور جس کا رتبہ بریگیڈیر سے کم نہ ہو اور جس کے ہاتھ میں مشین گن ہو۔

استثناء: جن چار جرائم کی تفصیل بتلائی گئی ہے ان سے زبانِ اُردو کے شعرائے کرام بلالحاظ معیار کلام مستثنیٰ کئے جائیں۔ کیونکہ ان کے

پاس سوائے اپنی پریشان زلفوں اور وحشتِ دل کے اور کوئی سرمایہ نہیں ہوتا ان سے کسی قسم کا ٹیکس وصول کرنا بھی ناممکن ہوگا کیونکہ ٹیکس کی طلبی پر وہ بوئے گل، نالہ دل، دودِ چراغ محفل کا قصہ، منظوم اور ترنم میں اس وقت تک عنایت فرماتے رہیں گے جب تک کہ ٹیکس وصول کرنے والا دامن چھڑا کر سر پہ پاؤں رکھ کر بھاگ نہ جائے۔

جُرم (۵) جو لوگ لب سڑک اور بے دھڑک کھڑے کھڑے یا بیٹھ کر فٹ پاتھ پر پیشاب کریں۔ اس جرم کے لئے ان سے دو سو پچاس روپے ٹیکس وصول کیا جائے۔

جُرم (٦) جن جرائم پیشہ لوگوں کا ذکر پانچویں جرم میں کیا گیا ہے ان میں بعض منچلے اور لاپرواہ لوگ ایسے بھی ہوتے ہیں جو پیشاب کرتے وقت یہ تکلیف بھی گوارا نہیں کرتے کہ تمیز سے ارتکابِ جرم کریں۔ مزاج یار میں جوں ہی جرم کرنے کا جذبہ پیدا ہوا وہ وہیں بے دریغ و بلا شرم جرم کے مرتکب ہو جاتے ہیں۔ دراصل ایسے مجرموں کو بے دردی سے کوڑے لگانے چاہیں اور ان کے ہاتھ میں جھاڑو دے کر ان سے سڑک کو صاف کرانا چاہئے مگر ایسا کرنے سے حکومتوں کی غریبی دور نہیں ہو سکتی۔ اس لئے اگر یہ جرم تہذیب اور شرافت سے مہذب طریقہ پر عمل میں آئے تو سزا دو سو پچاس روپے ٹیکس۔ مگر بے شرم، اور بدتمیز خاطیوں سے پانچ سو روپے بطور ٹیکس وصول کئے جائیں۔

توضیح: یہ جرم بہت عام ہے اور ہندوستانیوں کی عادت بن چکا ہے، اس کا تعلق ہماری پُرامن درخشاں تہذیب سے ہرگز نہیں ہو سکتا کہ اس کو باعث فخر سمجھا جائے۔ گو یہ دن دھاڑے اور جگہ جگہ پر سرزد ہوتا ہے،

مگر سینماؤں کے آس پاس لوگ قطار در قطار ہو کر اس کا ارتکاب کرتے ہیں۔ متحرک عدالتوں کو ایسی جگہوں پر خاص طور پر چھاپے مارنے چاہئیں۔

جرم (۷) اسٹرائیک پر جانا اور اسٹرائیک کروانا بھی جرائم قرار دیئے جائیں۔

وضاحت: ان جرائم کی روک تھام ملک کی بقا کے لئے از بس ضروری ہے اور حکومتوں کی غریبی ہٹانے میں ان سے بڑی مدد مل سکتی ہے۔ ہر قسم کی اسٹرائیک قابلِ نفاذ ٹیکس سمجھی جانی چاہیے۔ مثلاً طالب علموں کی اسٹرائیک سے لے کر ٹیچروں، ڈاکٹروں، ریل کے ملازمین، انڈین ایر لائنز کے کارکنوں، لائف انشورنس کے ملازمین (جنھوں نے ازمنہ بھر وقفہ وقفہ سے اسٹرائیک کرنا اپنا شیوہ بنا لیا ہے) نیکٹریوں کے مزدوروں وغیرہ وغیرہ بشمول ان کے لیڈروں کے خطا کار سمجھے جانے چاہئیں۔

سزا اسٹرائیک پر جانا اور اسٹرائیک کروانا ابتدائی جرم قرار دیا جائے جس کی پاداش میں:

(الف) اسٹرائیک پر جانے والوں کی حد تک ہر ملازم سے اس کی ایک ہفتہ کی تنخواہ کی حد تک ٹیکس وصول کیا جائے۔

(ب) اسٹرائیک کرانے والے ہر لیڈر سے اسٹرائیک پر جانے والے اور کم سے کم یافت پانے والے ملازم کی ایک ماہ کی یافت کی حد تک ٹیکس وصول کیا جائے۔

(ج) اسٹرائیک کے ہر دن کے لئے اسٹرائیک پر جانے والے سے اس کی ڈیڑھ دن کی یافت کی حد تک ٹیکس لیا جائے۔

(د) اسٹرائیک کرانے والے ہر لیڈر سے اسٹرائیک کے ہر دن کے لئے

اسٹرائیک پر جانے والے اور کم سے کم یافت پانے والے ملازم کی ہفتہ کی یافت کی حد تک ٹیکس وصول کیا جائے۔

وضاحت: اسٹرائیک کے لئے اُکسانے کے جرم کے لیئے مناسب سزا حبسِ دوام ہو سکتی ہے۔ مگر ایسا کرنے سے خاطی حبسِ دوام میں اور حکومتیں دائمی غریبی میں پڑی رہیں گی۔ اس کے علاوہ ٹیکس ادا کرنے والوں کی ایک کثیر تعداد سے حکومتیں محروم ہو جائیں گی۔ اس لئے لازم ہے کہ خاطی ٹیکس ادا کریں اور عیش و آرام کی زندگی بسر کرنے کی خاطر کام کرنے والوں کو اسٹرائیک پر جانے کی ترغیب دینے کی پاداش میں خود کنگال ہو جائیں۔ اس جرم کی روک تھام سے فیکٹریوں وغیرہ کی پیداوار میں بے حساب اضافہ ہوگا)۔

جُرم (۸) اوورٹائم کے حصول کے لیئے احتجاج کرنے والوں سے اوورٹائم کے ذریعہ وصول ہونے والی متوقع رقم سے چار گنا زائد ٹیکس وصول کیا جائے۔

وضاحت: دورانِ اوقات معینہ کام نہ کرنے کی بیماری کسی وبا کی طرح ملک بھر میں پھیل گئی ہے۔ اوقاتِ دفتر میں وقت ضائع کیا جاتا ہے تاکہ وقت کے بعد کام کرنے کے لیئے دوگنی یافت حاصل ہو۔ اس بیماری کو دور کرنے کا واحد علاج یہ ہے کہ جس اُمید پر یہ حرکتِ مجرمانہ کی جاتی ہے، اس سے فائدہ ہونے کی بجائے اُلٹا نقصان ہونے کی کیفیت پیدا کی جائے)

جُرم (۹) گھیراؤ کرنے اور کروانے کی پاداش میں بھی اسی شرح سے ٹیکس وصول کیا جائے جس کی تفصیل جرم نمبر ۷ یعنی اسٹرائیک پر جانے یا اسٹرائیک کروانے کے لیئے تجویز کی گئی ہے۔ البتہ گھیراؤ کے دوران پر ٹیکس کا انحصار فی گھنٹہ کی بجائے فی یوم ہوگا۔

جُرم (۱۰) دھرنا دھرنے والوں اور اس کارروائی کی ترغیب دینے والوں سے ٹیکس

وصول کئے جائیں جن کی مقدار اسٹرائیک اور گھیراؤ کے جرائم کے لئے
تجویز کئے گئے ٹیکس سے دوگنا ہو۔

جُرم (۱۱) دفتروں، فیکٹریوں اور دیگر صنعتوں میں "آہستہ کام کرنے" یا "قاعدہ کے مطابق کام کرنے کے جُرم اور اس کے ارتکاب کے لئے اکسانے والوں سے، کام کم ہونے یا نہ ہونے سے جس قدر خسارہ یا نقصان ہونے کی توقع ہو، اس لحاظ سے نہ صرف خسارہ کی پابجائی کی حد تک بلکہ اس سے ڈیڑھ گنا ٹیکس خاطیوں سے وصول کیا جائے۔

جُرم (۱۲) ہر اس شخص کو جو ووٹ حاصل کر کے ریاستوں کی مقننہ یا مرکزی پارلیمنٹ کے لئے منتخب ہو جائے یا نامزد کیا جائے، منتخب یا نامزد ہوتے ہی فوراً چاندی سونے سے نہیں بلکہ لوہے کے باٹوں سے یا وزن لینے کی مشین پر کھڑا کر کے تول لیا جائے اور اس کا وزن ایک رجسٹر میں درج کر لیا جائے۔ ہر تیسرے مہینے اس کا وزن لیا جائے اور جس رکن کا وزن انتخاب کے بعد سے بڑھنا شروع ہو اس سے ایک ہزار روپیہ فی پونڈ کے حساب سے سال میں چار مرتبہ ٹیکس وصول کیا جائے۔

جُرم (۱۳) بڑھے ہوئے وزن والا ریاستی مقننہ یا پارلیمنٹ کا رکن اگر بعد کے الیکشن میں پھر منتخب ہو جائے تو اس سے اسی فارمولے کے تحت ٹیکس وصول کیا جائے جس کی تفصیل جرم (۱۲) میں ہے۔
مطلب یہ ہے کہ ٹیکس کی رقم کا اندازہ لگانے کے لئے وہی وزن جائز اور غیر مجرمانہ متصور ہوگا جو پہلے انتخاب کے بعد پہلی مرتبہ رجسٹر میں درج کیا گیا تھا۔

وضاحت: ان جرائم کی سزا کے خوف سے ممکن ہے کہ بعض ایسے نیتا جو

انتخاب کے بعد آسائش و آرام اور مرغن غذا کھا کھا کر بے وضع ، بے ڈھنگے ، بے ڈول ، چکنے اور گھناونے ہو جاتے ہیں ۔ بری عادتوں سے احتراز کرنے لگیں) ۔

جُرم (۱۴) سڑک پر یا دیواروں پر پان کھا کر تھوکنے والوں سے ایک سو روپیہ فی پیک کی شرح سے ٹیکس وصول کیا جائے ۔

جُرم (۱۵) پبلک جلسوں میں مہمانِ خصوصی یا صاحب صدر کے اعلان کردہ وقت سے دیر کے بعد آنے کے جرم کے لئے ایک سو روپیہ فی منٹ کے حساب سے ٹیکس وصول کیا جائے ۔

جُرم (۱۶) پبلک جلسوں میں اگر کوئی مقرر موضوع سے بھٹک کر بھاشن دینے لگے تو اس سے بھی ایک سو روپیہ فی منٹ کی بکواس کے حساب سے ٹیکس وصول کیا جائے ۔

جُرم (۱۷) بلدیہ کے کسی نل کے استعمال کے بعد اگر استعمال کنندہ نل بند نہ کرے یا احتیاط سے بند نہ کرے جس کی وجہ سے پانی ضائع ہونے لگے تو ایسے مجرم سے پچاس روپے ٹیکس لیا جائے ۔

توضیح : ہمارے ملک میں پانی کی قلت اس درجہ شدید ہوگئی ہے کہ پانی ضائع کرنا ایک خطرناک جرم سے کم نہیں ۔ اس جرم کے ارتکاب کی وجہ سے نہ صرف پانی بلکہ دودھ کی قلت بھی پیدا ہوگئی ہے ۔ اس لئے خاطیوں کی لاپرواہی کا موثر انتظام کیا جانا بہت ضروری ہے) ۔

جُرم (۱۸) اگر کوئی نیتا یہ دعویٰ کرے کہ ہماری پنج ورشی یوجنائیں کامیاب ہوئی ہیں یا یہ اعلان کرے کہ سبز انقلاب سے ہمارا ملک غلّہ کی

حد تک خود مکتفی ہوگیا ہے تو اس جرم کے لئے اس سے پانچ ہزار روپیہ ٹیکس وصول کیا جائے۔

جرم (۱۹) کسی میاں بیوی کے گھر دوسری اولاد ہونے کے جرم میں دو سو روپیہ ٹیکس لیا جائے۔ تیسری اولاد ہونے کے جرم میں پانچ سو روپیہ سالانہ کے حساب سے ٹیکس لیا جائے۔ چوتھی اولاد کے لئے ایک ہزار سالانہ اور پانچویں اولاد پر دو ہزار روپے سالانہ کی شرح سے ٹیکس وصول کیا جائے۔ اگر اس کے ہاں چھٹی اولاد ہو جائے تو میاں کو پاگل خانے بھجوا دیا جائے۔ بیوی کا علاج امید ہے کہ خود بخود ہی ہو جائے گا۔

مندرجہ بالا جرائم نمونتہً پیش کئے گئے ہیں۔ ان کے ارتکاب پر ٹیکسوں کی وصولی سے یقیناً ریاستی حکومتوں اور مرکزی حکومت کی غریبی ہٹانے میں کافی مدد ملے گی اور قوم کے کردار کو بہتر بنانے کا کام بھی ہوتا رہیگا۔ اس قانون کے نفاذ کے بعد ہندوستانیوں کی اور بُری عادتوں اور خصلتوں پر بھی ٹیکس عاید کئے جا سکتے ہیں۔

حصار ازدواج کا قیدی

کون کہتا ہے کہ صرف مرد ہی ازل سے عورت ذات پر ظلم و ستم کی تلوار بے نیام کئے ہوئے ہے۔ ممکن ہے اس دورِ سیاہ میں جب زندگی وحشیوں کی طرح جنگلوں میں بسر ہوتی تھی، اور موسموں کی سختیوں اور شدت، اور جان کی حفاظت کی خاطر انسان غاروں میں پناہ ڈھونڈتا پھرتا تھا، جس وقت جس کی لاٹھی اس کی بھینس کا قانون چلتا تھا، شاید اس وقت حوا کی بیٹی نے کچھ ظلم سہے ہوں، مگر اس زمانے میں بھی یہ بیوقوف مرد اس کی حفاظت اور اس پر اپنا حقِ ملکیت قائم رکھنے کی خاطر جان دھن کی بازی لگا دینے پر مجبور ہو جاتا تھا، جس میں یا تو حریف مارا جاتا تھا یا وہ خود کمزور ثابت ہونے پر ثابت و سالم نہ رہ کر اپنے کیفر کردار کو پہنچ جاتا تھا۔ ملاحظہ ہو کہ ہر دو صورتوں میں حوا کی بیٹی نہ صرف سالم و ثابت رہتی تھی بلکہ کسی مرد کا خون اس کی خاطر بہنے سے اس کے رنگ روپ میں کچھ اور نکھار پیدا ہو جاتا تھا۔

پھر زندگی کا ارتقا شروع ہوا، جو زمرے سے خاندان، قبیلہ، گاؤں، شہر پھر ریاستیں اور اب زمین ملکوں میں بٹ چکی ہے، لیکن اب بھی دنیا کے اعداد و شمار شاہد ہیں کہ پنجۂ ازدواج کے اسیر، شوہروں کے مرنے کا اوسط بیویوں سے کہیں زیادہ ہے۔

حوا کی بیٹی کو قانونی طور پر رفیق حیات بناتے وقت مرد بڑے شوق سے "ہاں" کا لفظ اپنی زبان سے نکالتا ہے، اور جب لوگ اس کو مبارکباد دیتے ہیں تو وہ بدبخت گھوڑے کی طرح ہنہناتا ہے اور یہ نہیں جانتا کہ رفیقِ حیات اس پر عرصۂ حیات تنگ کر دے گی اور "ہاں" کا لفظ ہی وہ آخری لفظ ہے جسے وہ اپنی مرضی سے بول سکا ہے، نیز یہ کہ اس کی آزادی سلب ہو چکی ہے۔ گو گھر میں اس کا آنا جانا اور اس کو آب و دانہ بھی میسر رہے گا مگر صاحب خانہ رفیقۂ حیات ہی رہے گی۔

موجودہ دورِ حیات میں حوا کی بیٹی اس منزل پر پہنچ چکی ہے جہاں وہ قانون کی نظروں میں مرد کے برابر ہے، جی ہاں بالکل برابر — یعنی مرد برابر مشقت کرتا اور کماتا ہے اور وہ اس کمائی کے برابر برابر بلکہ بڑھ چڑھ کر خرچ کرتی رہتی ہے۔

سُنا ہے کہ انگلستان میں "پٹی ہوئی بیویوں" کی ایک انجمن ہے۔ ظاہر ہے کہ یہ صرف ایک نہایت چھوٹی اقلیت کی نمائندگی کرتی ہوں گی۔ مگر آپ نے کبھی ان خاوندوں کے بارے میں بھی غور کیا ہے جن کے دماغوں کو مسلسل ٹھوک ٹھوک کر طبلہ بنا دیا جاتا ہے۔ میرے خیال میں، مویشیوں کی انجمن کی طرح ایک "انجمن برائے انسدادِ مظالم بر بے زبان شوہراں" بھی ہونی چاہئے۔ اور اگر کہیں ایسی کوئی انجمن قائم ہو جائے تو یقیناً یہ حقیر اس کا لائف ممبر بنا دیئے جانے کا بہترین مواد ثابت ہو سکتا ہے۔

شادی کے بعد ہنی مون، مون کی طرح ثابت ہوتا ہے جسے دانشوروں نے چار دن کی چاندنی سے تعبیر کیا ہے۔ دولہا شوہر میں تبدیل ہو جاتا ہے۔ پھر وہ کیفیت

شروع ہوتی ہے جیسے شاعر نے

جب گلے سے مل گئے سارا گلہ جاتا رہا

کی کیفیت بتلایا ہے۔ جب تک یہ کیفیت قائم رہے اس وقت تک آندھی اور طوفان کے بعد شانتی اور اطمینان کی کیفیت قائم رہتی ہے۔ لیکن ازدواجی زندگی کا یہ دور دائمی نہیں۔ یہ شاید اس زندگی کے ایک یا دو سال تک قائم رہتا ہے، مگر شادی کے پندرہ بیس سال بعد؟ ایسے پندرہ بیس سال جو تیس سال معلوم ہوتے ہیں اور چالیس سال کی طرح گزرتے ہیں۔ گلہ ملنے کی کیفیت اب گلے پڑنے اور گلے کا بار بن جانے کی صورت اختیار کر چکی ہوتی ہے۔ ان حالات میں اکثر شوہر کے جوہر الفاظ کی مشین گن کی تاب نہیں لاسکتے اس لئے شوہر راہِ فرار ڈھونڈتا ہے۔ گھر سے بھاگ جاتا ہے، سوچتا ہے کہ ڈوب مروں مگر اکثر ہوتا یہ ہے کہ وہ پانی میں تو نہیں ڈوبتا مگر نشہ میں ضرور غرق ہو جاتا ہے اور مے خانے سے باہر پھینک دیئے جانے کے بعد اپنے مکان پر واپس آنے پر جو عرق ریزی اسے کرنی پڑتی ہے تو اس کی بلا سے۔ گھر کی بلا سے تو وہ کچھ دیر کے لئے نجات پاچکا ہوتا ہے۔

یہ امر مسلّمہ ہے کہ جب تک شادی کا بندھن قائم رہتا ہے میاں بیوی کے جھگڑے قائم و دائم رہتے ہیں۔ ان کی شدت کو کم کرنے کے لئے دنیا کے بعض دانشوروں نے جھگڑوں کے اس اکھاڑے کے لئے چند قواعد بنائے ہیں جن پر عمل کرنے سے ان کے خیال کے مطابق بیاہ میں تباہ ہونے کے امکانات بڑھ سکتے ہیں۔ ملاحظہ فرمائیے:

پہلا مشورہ یہ ہے کہ "چھوٹی چھوٹی باتوں کو چھوٹا ہی رہنے دو۔ کنکر کا پہاڑ اور رائی کا پربت نہ بنا ڈالو"

یہ مشورہ نہایت مناسب ہے مگر یک طرفہ کوشش کیونکر کامیاب ہوسکتی

ہے۔ ایک شوہر جو مسلسل چالیس سال سے بیوی کو اس کی چائے میں دودھ کم ڈالنے کی درخواست کرتا آرہا ہو، شادی کے اکتالیسویں سال کے شروع میں ایسا بنائی گئی چائے کا سفیدی مائل رنگ دیکھ کر جب راحتِ جاں کو چائے میں دودھ کی زیادتی کی طرف پھر ایک بار توجہ دلائے اور رفیقِ حیات چائے کی پیالی کو اُٹھا کر جیسن دانی میں اُلٹ دے، پھر نئے سرے سے پانی اُبال کر بغیر دودھ کی چائے کی پیالی بنا لائے اور امیرِ ازدواج کے سامنے لا کر میز پر اس زور سے پٹخے کہ پیالی کے ٹکڑے ٹکڑے ہو جائیں۔ اور اس پر یہ فرمائے کہ "پیو ــــ اور اگر پی نہیں سکتے تو چاٹو!" تو آپ ہی فرمائیے کہ بدبخت شوہر کیا کرے۔ اس کے بعد رائی کا پربت بلکہ ایورسٹ اگر بن جائے تو تعجب نہیں۔ دیکھنا یہ ہے کہ پربت کون بناتا ہے۔ ملحوظ رہے کہ یہ اس شوہر بدبخت کے ساتھ ہوتا ہے جو کئی مرتبہ نیک بخت کو چائے خود بنانے کی پیشکش کر چکا ہو اور جس کی درخواست ہر مرتبہ حرفِ غلط کی طرح رد کر دی گئی ہو۔

دوسرا قاعدہ اس صلح و آشتی برقرار رکھنے کا یہ ہے کہ "بات کو گفتگو تک ہی محدود رکھو" ــــ جی ہاں ضرور محدود رکھئے مگر مدمقابل کو کیونکر روکو گے۔ ابھی حال ہی کا واقعہ ہے کہ جب میں نے اپنے ایک دوست کو جھگڑے اُٹھنے نہ دینے کا یہ گُر بتایا تو وہ بے تحاشا قہقہے لگانے لگا اور یہ ہنسی کچھ ایسی زوردار تھی کہ اس کی آنکھوں میں آنسو آگئے۔ کہنے لگا یہ کل کی بات ہے کہ ازدواج کی بساط پر وہ اور بیوی بڑے چین سے بیٹھے تھے کہ بیوی نے کہا کہ ہمارے پاس جو زمین کا ایک خالی پلاٹ ہے اسے بیچ ڈالو۔ اس پر اس نے جواب دیا کہ اس کو بھی بیوی کی رائے سے اتفاق ہے مگر موجودہ قوانین کے مطابق خالی پلاٹ بیچنے سے پہلے متعلقہ حکامِ مقتدر کی اجازت حاصل کرنا ضروری ہے اور پیشتر اس کے کہ وہ اپنا جملہ ختم کرتا کہ "وہ اس بارے میں اجازت حاصل کرے گا" بیوی نے آؤ دیکھا نہ تاؤ موسلا دھار بارش کی طرح برس پڑیں۔ کہنے لگیں۔ "لگا آپ نے بیچ میں

اڑنگا، ہوگئی میری تجویز منسوخ، کر دیا میری تمناؤں کا خون، جلنے لگا آپ کا کلیجہ، چڑھ گیا آپ کے دماغ پر بھوت۔ کر دی شروع الٹی کھوپڑی کی بات، ہونے لگی آپ کے دل میں ہلچل، پڑنے لگے آپ کو غش، گُل ہونے لگے آپ کی عقل کے دیئے، مٹنے لگا آپ کا صبر، کھولنے لگا آپ کا خون، اُبلنے لگا آپ کا جنون، یاد آگئی آپ کو گرفتِ قانون ــــ۔ اور بیوی نے جو صلواتوں کا سلسلہ شروع کیا تو جلد ہی آواز کی اُونچائی اور گفتار کی رفتار بھی بتدریج بڑھتی گئی، آنِ واحد میں ان کی بات اسٹیشنوں پر ریلوں کے متعلق کئے جانے والے اعلانات کی طرح سمجھ سے باہر اور کانوں کے پردے پھاڑنے لگی۔ پھر اس حد سے بھی جو بڑھی تو شادی بیاہوں میں لگائے جانے والے لاؤڈ اسپیکروں جیسی آواز بن گئی جس سے خود لاوڈ اسپیکر کانوں پر ہاتھ دھرتے ہیں۔

تیسرا قاعدہ یہ ہے کہ "اپنی زبان کو سنبھالو اور اپنے اُوپر قابو رکھو" یعنی پہلے بات کو تولو اور پھر منہ سے بولو۔ یہ ایک زرّیں قول ہے اور اس پر عمل کرنا ہر ذی ہوش انسان کا فرض ہے۔ مگر اگر روئے سخن بیویوں کی طرف بھی ہے، تو گستاخی معاف، انھیں زبان کو لگام دینے کا مشورہ دینا ایسا ہی ہے جیسے کسی کمزور گھٹنوں والے شخص سے اولمپک مقابلوں میں تین ہزار میٹر کی دوڑ جیتنے کی اُمید رکھنا یا پھر کسی کمزور گُردوں والے نوّے سالہ بوڑھے کو سردیوں میں چھ بوتلیں بیئر کی پلا کر اسے ہاتھ روم جانے سے باز رکھنے کی کوشش کرنا، اکثر و بیشتر شوہر زبان کو دانتوں کے زندان میں بند کر کے اس پر لبوں کی مہر لگائے رکھتے ہیں۔ ایسا کرنے کے لئے انھیں کوئی خاص کوشش بھی نہیں کرنی پڑتی۔ کیونکہ بیویاں ان کو بولنے کے لئے وقفہ ہی عنایت نہیں فرماتیں۔ جب بولنے پر آجاتی ہیں تو اپنی زبان کو پرانے زمانے کے تلوار کے دھنی سورماؤں سے بھی تیز چلاتی ہیں۔

اور آنِ واحد میں شوہر کی سات پشتوں کے گُشتوں کے پُشتے لگ جاتے ہیں۔

جب میرے ساتھ یہ گزرتی ہے اور بالآخر زبان کی دھنی تھک ہار کر کسی وقت سو جاتی ہیں تو خاکسار آواز آف ہونے پر بحالت زار، بے چارہ و لاچار، وقت صبح ہویا شام اپنی سات پشتوں کے بزرگوں کو اپنی اپنی جگہ واپس جاکر آرام فرمانے کی درخواست کرتے ہوئے کہ وقت پڑنے پر پھر ان کو طلب کرایا جائے گا، چکر کھا کر خونِ جگر پیتے ہوئے پڑ جاتا ہے۔ دراصل بیویوں کی آواز ہی ایسی ہوتی ہے کہ مردے بھی اپنی قبروں میں جاگ اُٹھتے ہیں اور زندہ شوہر اگر مرے نہیں (آواز سے مانوس ہو جانے کی وجہ سے) تو مرگی کی کیفیت میں تو ضرور پہنچ جاتے ہیں۔

چوتھا مشورہ دانشوروں کا یہ ہے، مناقشوں کے میدان میں اچھے کھلاڑی کی صفاتِ راست بازی کا مظاہرہ کرو۔ ان دانشوروں کو میرا مشورہ یہ ہے کہ پہلے وہ خود ہوش کے ناخن لیں اور ان کو حقیقت کے نیل کٹر سے تراشیں۔ ان کی دانش کو شاید ابھی بیویوں کی دانست سے سابقہ نہیں پڑا۔ ان کو شوہر سے جھگڑتے وقت راست بازی سے کام لینے کے لئے کہنا ایسا ہی ہے جیسا کہ بھوکے بھیڑیے کے پاس بھیڑ چھوڑ کر اس کی حفاظت کرنے کے لئے کہنا یا کسی افیونی کے سامنے جس کا نشہ ٹوٹ رہا ہو، افیون کی گولی رکھ کر اسے اس ہدایت کا پابند کرنے کی کوشش کرنا کہ وہ ایک دن تک اس گولی کو ہاتھ نہ لگائے۔ انصاف پسندی کی ان سے اُمید جو بحث کرنے سے پہلے ہی شوہر کو ملزم و مجرم قرار دیکر اپنے دماغ میں سزا کے تعین کا تصفیہ بھی کر چکی ہوں، ان کا رویہ ایسے حاکم متعدد سا ہوتا ہے جو اپنے ماتحت سے کہتا ہے کہ میں اس معاملے کا فیصلہ کر چکا ہوں جو مجھے کرنا ہے۔ مجھے حقائق بتلا کر الجھن میں ڈالنے کی کوشش نہ کرو۔

پانچواں مشورہ یہ ہے کہ اپنے جھگڑے کو پرائیویٹ اور اپنی اپنی ذات تک محدود رکھو کیونکہ غیر اس سے بے تعلق ہیں۔ ہمارے جھگڑے ایسے ہی پرائیوٹ ہیں، جیسے ریڈیو اور ٹیلی ویژن سے دندناتی ہوئی خبریں یا لبِ سڑک بے دھڑک پیشاب کرنے والوں کی حرکات جن میں اور کتوں میں صرف یہی فرق ہے کہ یہ لوگ کتے کی طرح "ٹانگ نہیں اٹھاتے۔

اکثر بیویاں جھگڑے کے دوران اپنی "رگ ہائے حجت" کو قوی کرنے کے لئے اپنے خاندان کے افراد اور اپنی سہیلیوں کو جمع کر لیتی ہیں۔ اگر میاں بیوی کے جھگڑوں میں جھوٹی شہادت دینے پر سزا دی جا سکتی تو ایسی سہیلیاں کبھی کی حبسِ دوام میں بیٹھی اپنی کرنی کا پھل چھلکا اتارے بغیر مع بیجوں کے نگل رہی ہوتیں۔

چھٹا مشورہ جھگڑے کو کندھے پر زور دے کر بٹھائے رکھنے کا جو خوش فہمی میں مبتلا دانشور عنایت فرماتے ہیں یہ ہے کہ اس کو یعنی تکرار کو "وقتی وجہ تک محدود رکھو"۔ تکرار معمولی سی بات سے پیدا ہوتی ہے۔ ایک چنگاری جو سلگ کر آگ، شعلہ فشاں بن جاتی ہے۔ یہ اگر ہفتہ کو شروع ہوتی ہے تو آئندہ جمعہ کو اگر اس درمیان کوئی اور سانحہ نہ پیدا ہو گیا ہو، میری غلطیوں کے آغاز سے میرے آباد اجداد کی غلطیاں گنواتے ہوئے ختم ہوتی ہے۔ اگر وقت پر تیار ہونے کے لئے کہا جائے تو جواب ملتا ہے کہ میں ایسی دعوت پر تھوکتی بھی نہیں اور پھر پندرہ سال پہلے میرے دس منٹ دیر کرنے کا واقعہ بھی دہرایا جاتا ہے۔

ساتواں مشورہ صلح صفائی برقرار رکھنے کا یہ ہے کہ "بولنے سے نہ رکو" میرے خیال میں یہ مشورہ بالکل غیر ضروری ہے۔ بات یہ ہے کہ خاوند کو تو خاوند بننے کے بعد گھر میں بولنے کا موقعہ شاذ و نادر ہی ملتا ہے، وہ سوتے وقت خلوصِ دل سے جب اپنے خالق کے حضور میں دعا مانگتا ہے تو بیوی کی درازیٔ عمر کے ساتھ اس کو سکتہ

ہو جانے کی درخواست بھی کرتا ہے ۔ بیوی کے بولنے سے نہ رکنے یا بولتے رہنے کے لئے کوئی ترکیب کرنے یا کسی ترغیب یا تربیت کی ضرورت نہیں ہوتی ۔ دانشور یہ کہتے ہیں کہ خاموشی انتہائی خطرناک ہے اور صلح ہونے کا راستہ روک دیتی ہے اور خادم یہ عرض کرنا چاہتا ہے کہ اسے خاموشی میں تجھے کہاں سے لاؤں ۔ صورتِ حال یہ ہوتی ہے کہ بیوی ۴۵ الفاظ فی منٹ ان الفاظ سے زیادہ بولتی ہے جن کو خاوند بطور الفاظ سمجھ سکتا ہے ۔ بس یوں سمجھ لیجئے کہ الفاظ کی بوچھاڑ کے سامنے شوہر نابکار بیٹھا وقفہ وقفہ سے گھڑی پر نظر ڈال لیتا ہے اور بس ۔ وہ اس گھڑی کے انتظار میں دم بخود ساکن و صامت بیٹھا ہوتا ہے کہ کب بیوی اپنی آواز سے بیزار ہوکر بولنا بند کر دے ۔

آخری مشورہ یا قاعدہ جھگڑے کے اکھاڑنے کا یہ ہے کہ " مختصر رہو اور شام سے پہلے پہلے طے کرلو " اس قاعدے کے تعلق سے خاکسار نہایت بدقسمت واقع ہوا ہے ۔ اس کے گھر میں یا یوں کہئے کہ بیوی کے گھر میں سب جھگڑے ، اختلاف رائے اور تنازعے شام کے وقت شروع ہوکر اس وقت ختم ہوتے ہیں جب پڑوس کے سامعین دلچسپی لینے کے موقف میں سے گزرتے ہوئے آواز کی بلندی کی وجہ سے نہ سوسکنے کی کیفیت میں دانت پیس پیس کر ان کے برائے کوشش کر ہضم کر لینے کے بعد آواز کے کمزور پڑ جانے کے باعث نہیں کیونکہ یہ کم بخت کبھی کم نہیں ہوتی ، بلکہ نیند کے غلبے سے رات گئے بالآخر جب سو جاتے ہیں اور گو بیوی کے جنگل پانی کا وقت ہو چکا ہوتا ہے لیکن صلواتوں کا سمندر اب بھی ٹھاٹھیں مار رہا ہوتا ہے ۔ مگر بادلِ ناخواستہ ان کو اپنی آواز آف کرنی ہی پڑتی ہے ۔ وہ باتھ روم کا رُخ کرتی ہیں ـــ اور میں نہیں جانتا کہ اس کے بعد کیا ہوتا ہے ۔ کیونکہ میری بے ہوشی کچھ ایسی گہری ہوتی ہے

کہ منہ پر ایک جگ یخ پانی کا بھی مجھے بیدار نہیں کر سکتا۔ جس رات ایسا دنگل ہمارے گھر میں منعقد ہوتا ہے، اس رات ہمارے پڑوس میں چوری کی کوئی واردات نہیں ہوتی۔ کیونکہ ایسی رات اڑوس پڑوس کے لئے رت جگے کی رات ہوتی ہے اور خادم کے لئے قیامت کی۔

معاشرتی طرزِ زندگی

کسی نے کیا خوب کہا ہے کہ انسان آزاد پیدا ہوا تھا مگر ہر جگہ پابہ زنجیر ہے۔ طوقِ غلامی سے نجات حاصل کرنے کے بعد ہمارا ملک ایک ایسے معاشرے کے قیام کے لئے کوشاں ہے جس میں ہر شخص آزاد ہو اس کو بولنے سوچنے، اظہارِ خیالات اور عمل کرنے کی پوری پوری آزادی ہو جس میں ہر شخص کو برابر برابر موقعے ترقی کرنے کے حاصل رہیں۔ ذات پات اور اونچ نیچ کی تفریق دور ہو جائے اور اس آزاد ملک میں ہر شخص آزادی کی سانس لے سکے۔

لیکن افسوس ہے کہ ہمارے ملک میں صدیوں پرانی روایات طور طریقے اور پراچین نظریات نے ملک کی اس آزاد فضا کو مکدر کر رکھا ہے۔ ایک طرف ملک کا خوشحال، خوش باش، ترقی یافتہ اور دولت مند طبقہ ہے

تو اس کے برعکس ملک کی کثیر آبادی ایسے پس ماندہ، پچھڑے لوگوں کی ہے جن کو صدیوں سے چھوت چھات وغیرہ کی بنا پر ترقی کرنے کے ذرائع اور موقعوں سے محروم رکھا گیا ہے۔ اس لئے یہ لوگ ترقی کرنے والوں سے بچھڑ کر پیچھے، بہت پیچھے رہ گئے ہیں، اور ان پر عاید کی ہوئی پابندیاں کچھ ایسی تھیں کہ یہ بالکل سست گام اور بے کام ہوکر پستی کی عمیق اور اندھیری کھائیوں میں پڑے ہوئے ہیں۔ یہی وجہ ہے کہ ہماری حکومت نے بڑی تحقیق اور تفتیش کے بعد پس ماندہ اقوام اور قبائل کو درجِ فہرست کر دیا ہے تاکہ وہ قوم کے دوسرے افراد سے اس قدر نہ بچھڑ جائیں کہ نظروں سے ہی غائب ہو جائیں۔ ان لوگوں کو متعدد رعایات اور ان کی حوصلہ افزائی کے لئے مختلف قواعد اور قوانین بنائے گئے ہیں تاکہ یہ ترقی کر سکیں۔ مگر ابھی تک یہ سب بے کار ثابت ہوئے ہیں اور پس ماندہ ابھی تک پس ماندہ ہی ہیں۔

ترقی یافتہ اور پست اقوام کے درمیان جو خلیج حائل ہے اس کو پاٹنے کے تین طریقے ہو سکتے ہیں:

اول یہ کہ پست اقوام کے لوگوں کو اٹھا کر ترقی یافتہ لوگوں کی صف میں لا کر بٹھا دیا جائے۔ یہ صرف ایسی صورت میں ممکن ہے، اگر حکومت کے پاس کوئی جادو کی چھڑی ہو جس کو پھیر کر وہ پست اقوام کو آنِ واحد میں ترقی یافتہ بنا دے۔ مگر ہمارے ملک کی موجودہ فضا ایسی ہے کہ اگر کسی کے پاس الہ دین کا چراغ ہو تو اس کو رگڑنے سے جو جن حاضر ہوگا وہ حکم کی تعمیل کرنے کی بجائے یہ جاننا چاہے گا کہ ملک کے کس قوانین کے تحت کیا جادوگر کو یہ حق حاصل تھا کہ جن کو میٹھی نیند سے بے وقت بیدار کر دے ــــ اور پھر اگر یہ حماقت کرنا

ہی تھا تو پہلے اس بات کی وضاحت کی جائے کہ جن کو اوور ٹائم کس شرح سے دیا جائے گا۔

دوسرا طریقہ جو پس ماندگان کو ترقی یافتہ لوگوں کے قریب لانے کا ہو سکتا ہے وہ یہ ہے کہ ترقی یافتہ طبقہ کو جہاں تک وہ ترقی کر چکے ہیں وہیں پر روک دیا جائے اور تب تک ہلنے نہ دیا جائے جب تک کہ پست اقوام کے لوگ ترقی کرتے ہوئے ان سے آملیں۔ یہ طریقہ بھی موزوں نہیں کیونکہ پس ماندہ لوگوں کی پس ماندگی کچھ ایسی ہمہ گیر ہے کہ ان کو ترقی یافتہ طبقے تک پہنچنے کے لئے ممکن ہے صدیاں گزر جائیں۔

تیسرا اور نہایت موثر طریقہ ان دو طبقوں کو ایک جگہ لانے کا یہ ہے کہ ترقی یافتہ طبقہ کو نہ صرف ان کے موجودہ مقام پر روک دیا جائے بلکہ ان کی گردن میں ہاتھ دے کر ان کو واپس اس راستہ پر ڈال دیا جائے جہاں سے وہ چلے تھے۔ اگرچہ فاصلہ دور کا ہے مگر دیر لگتی ہے ترقی کرنے میں۔ پس-تی کی طرف جانا ایسا ہی ہوگا جیسے کسی پہاڑ کی چوٹی سے زمین کی طرف آنا۔ چنانچہ ترقی یافتہ طبقہ بہت جلد اپنے بچھڑے ہوئے بھائیوں سے آن ملے گا اور ان دو طبقوں میں جو فرق صدیوں سے چلا آرہا ہے وہ مٹ جائے گا اور پھر دونوں ترقی کی منزلوں کی طرف مل کر قدم بڑھائیں گے۔

اس ترکیب سے ایک ایسی ٹھوس قوم کی تشکیل عمل میں آسکے گی، جو بالکل پس ماندہ ہوگی اور بہر حال ہماری حکومت کا بھی تو یہی نصب العین ہے کہ ملک میں اونچ نیچ، چھوت چھات، بڑے چھوٹے، ذہین و کند ذہن، اور گدھے گھوڑے کا فرق یکسر مٹ جائے۔ یہ بات جدا ہے کہ ایسا کرنے سے ترقی یافتہ

طبقہ اور ملک کو ناقابلِ تلافی نقصان پہنچے گا۔ مگر چھوڑیئے اس معمولی سی بات کو۔ ہم کو اس معاملہ میں دیکھنا یہ ہے کہ آیا حکومت کی توقعات پوری ہوئیں یا نہیں۔ توقعات پوری ہونے کی اہمیت کا اندازہ اس بات سے لگایا جاسکتا ہے کہ ہمارے ملک کی ترقی کا انحصار بالکلیہ ہماری پنج ورشی یوجناؤں کی کامیابی پر ہے۔ ان یوجناؤں کی کامیابی کو پرکھنے کے لئے ہمارے ملک کے دانشور یہ دیکھتے ہیں کہ فلاں اسکیم کے لئے جس قدر رقم مختص کی گئی تھی آیا وہ خرچ ہوئی ہے یا نہیں۔ وہی یوجنا کامیاب سمجھی جاتی ہے جس کے تعلق سے دی گئی رقم پوری پوری صرف ہوجائے۔ البتہ یہ بات جدا ہے کہ رقم کس طرح اور کہاں خرچ ہوئی۔ رقم مختص کرنے والے ماہر دانشور توقع کرتے ہیں کہ پوری رقم پلان میں بتلائے ہوئے منصوبے کے مطابق بروقت استعمال ہوجائے۔ کہتے ہیں کہ ایک مرتبہ خاندانی منصوبہ بندی کے تحت دی گئی رقم سے جو STERA-LISERS خریدے گئے تھے وہ سبز انقلاب کی اسکیم میں استعمال ہوگئے اور شومئی قسمت سے FERTILIZERS کا استعمال فیمل پلاننگ میں ہوگیا۔ ان کا اثر جو ان اسکیموں پر ہوا وہ ظاہر ہے مگر پلاننگ کے ماہر خوش تھے کہ مختص کردہ رقوم ان کی توقعات کے مطابق خرچ کردی گئی تھیں۔ الغرض ہماری حکومت کا اعلان کردہ منصوبہ یہ ہے کہ پس ماندہ اور ترقی یافتہ لوگ دونوں ایک ہی سطح پر آجائیں۔

معاشرتی طرزِ زندگی کے قیام کے لئے یہ پہلا قدم اُٹھانے کے بعد اس بات کا بھی خیال رکھنا ضروری ہوگا کہ پست اقوام کے لوگ کہیں پھر بچھڑ کر پیچھے نہ رہ جائیں۔ ان کی ہر طرح سے حوصلہ افزائی کرنا بے حد ضروری ہوگا۔ آپ کہیں گے کہ یہ کس قسم کا سوشلزم ہے جس میں ہر شخص کو برابر موقعے ترقی کے

حاصل نہیں۔ مگر یہ بحث اور حجت بالکل بے معنی ہے کیونکہ صدیوں سے ترقی یافتہ طبقے نے پست اقوام پر طرح طرح کے ظلم وستم ڈھائے اور ان کو اپنے حقیر مقام سے سر اُونچا نہیں کرنے دیا۔ اب جبکہ پانسا پلٹ چکا ہے تو ان کو ان محروم لوگوں کے ساتھ کئے جانے والے خاص سلوک کے خلاف کوئی شکایت نہیں ہونی چاہئے۔

پس ماندہ طبقہ کے لوگوں کے سدھار کے لئے سُنتے ہیں کہ مدھیہ پردیش کی حکومت نے ڈاکٹری کے کورس میں داخلہ کے لئے ان کے لئے امتحان متعلقہ میں صرف ۲۰ فیصد نشانات حاصل کرنے کا لزوم رکھا ہے اور اس کے باوجود بھی محفوظ کردہ جگہیں پُر نہیں ہو رہی ہیں۔ ہو سکتا ہے کہ اس صورتِ حال سے نمٹنے کے لئے ۲۰ فیصد کی اس کڑی شرط کو گھٹا کر ۱۵ یا ۱۰ فیصد تک کر دیا جائے — اور پھر جب یہ رعایت بھی خاطر خواہ نہ ثابت ہو تو پھر شاید اس طبقہ کے لوگوں کا داخلہ کے امتحان میں موجود رہنا ہی ایم بی بی ایس میں لئے جانے کے لئے کافی سمجھا جائے گا۔ ملحوظ رہے کہ پس ماندگان کو ترقی یافتہ بنانے کی کوشش میں جو کچھ نہ کیا جائے کم ہے۔

خیر ڈاکٹری کے کورس میں ان کی شرکت سے کوئی اندیشہ نہیں مگر مشکل اس وقت درپیش آئے گی جب یہی لوگ پانچ چھ سال میڈیکل کالج میں گزارنے کے بعد دس یا پندرہ فیصد نمبر حاصل کر کے نیم حکیم اور خطرۂ جان بن جائیں گے۔ ایسے ماحول میں مریض اپنی جانِ عزیز کسی ڈاکٹر کے حوالے کرنے سے پہلے یہ جاننا چاہے گا کہ ڈاکٹر کا تعلق پس ماندہ طبقہ سے تو نہیں۔ پھر یہ ہونے لگے گا کہ حکومت کو ان ڈاکٹروں کو اپنے علم کی کھپت، کے مواقع فراہم

کرنے کے لئے ایسے قوانین بھی بنانے پڑیں گے جن کے تحت ملازمینِ سرکار کو لازماً پس ماندہ طبقہ کے ڈاکٹروں سے علاج کروانے کے لئے خود کو ان کی تحویل میں دے دینا پڑے گا۔ اور جو ملازم سرکار نہیں' ان پر یہ پابندی عاید کی جائیگی کہ اگر وہ خود کو ان ڈاکٹروں کے حوالے نہیں کریں گے تو ان کے پانی' برقی اور راشن کی سپلائی (بشرطیکہ یہ مل رہی ہو) کاٹ دی جائے گی۔

کہتے ہیں کہ ڈاکٹرانِ زیرِ بحث کی سی قابلیت کے کسی ڈاکٹر کے علاج سے جب ایک بد نصیب مریض جملہ امراض سے نجات پاکر جنّت کے دروازے پر پہنچ گیا تو وہاں اس کے لئے کوئی جگہ نہ تھی۔ جنّت سے جب وہ دوزخ کے دروازے پر پہنچا تو وہاں کے داروغہ نے بھی اس کو شریکِ دوزخ کرنے سے انکار کر دیا کیونکہ وہاں بھی اس کی سیٹ محفوظ نہیں کی گئی تھی۔ الغرض یہ خدا کا بندہ سیدھا خدا کے حضور میں پہنچا اور فریاد کی کہ میں کہاں جاؤں۔ خالقِ دو جہاں کو بہت غصّہ آیا اور جبریل سے پوچھا کہ یہ کیا ہے۔ تمہارا انتظام کہ میرے بندوں کو جہانِ فانی سے رخصت ہونے پر جنّت اور دوزخ میں جگہ ملتی ہے۔ جبرئیل نے اپنے رجسٹروں کو دیکھ کر مودبانہ عرض کی کہ حضور یہ شخص وقت سے پہلے یہاں آگیا ہے۔ اپنی صحت اور اعمال کے مطابق ابھی اس کو دنیا میں بہت عرصہ گزارنا تھا مگر یہ ایک ایسے ڈاکٹر کے ہتھے چڑھ گیا تھا جس نے اس کی کشتیٔ حیات کو ہمارے احکام کے خلاف چشم زدن میں ڈبو دیا۔

خیر اس ڈاکٹری کی بات کو چھوڑیئے۔ حقیقت یہ ہے کہ پس ماندہ طبقہ کے لوگوں کے ساتھ صدیوں سے انتہائی بدسلوکی کی جا رہی ہے۔ یہ صحیح ہے کہ ان کے لئے اسکولوں' کالجوں اور محکموں میں جگہیں محفوظ کر دی گئی ہیں اور ان کے

لئے ترقی پانے کے بھی ایسے مواقع محفوظ ہیں جن سے وہ اپنے ساتھیوں سے بہت پہلے ترقی کی منزلیں طے کر سکتے ہیں۔ مگر صدیوں کی پس ماندگی کی وجہ سے وہ اس کیفیت میں نہیں رہے کہ زندگی کے دیگر مراحل میں غیر پس ماندہ لوگوں کی برابری کر سکیں۔ اس لئے مناسب ہوگا کہ ایسے قوانین بنائے جائیں جن کے تحت پندرہ یا بیس فیصد نشستیں، ریلوں، بسوں، ہوائی جہازوں وغیرہ میں بھی ان کے لئے مختص کر دی جائیں تاکہ ان کو سفر کرنے میں دشواریاں پیش نہ آئیں۔

پھر ان کو چند رعایات بھی دی جانی چاہئیں۔ محض درخواست کے فارم میں چار آٹھ آنے کی رعایت کچھ معنے نہیں رکھتی۔ ہونا یہ چاہئے کہ انکم ٹیکس، پراپرٹی ٹیکس، جرمانوں، جیل جانے کی سزاؤں میں بھی ان کے لئے کمی کی جائے۔ اور یہ رعایت ۲۵ فیصد تک جائز ہونی چاہئے۔ الغرض ان احکام کی عمل آوری میں کچھ اس نوعیت کے حکم جاری کئے جائیں گے کہ:

"خاطی کو پانچ ہزار روپے (پس ماندہ طبقہ والوں کے لئے صرف بارہ سو پچاس) جرمانہ یا چار سال کی قید بامشقت (پس ماندہ لوگوں کے لئے صرف ایک سال) دی جائے گی"

جب ایسے قوانین لاگو ہو جائیں گے تو پس ماندہ طبقہ کے لوگ پس ماندہ رہنے کے لئے نہ صرف ۲۵ فیصد (جس کی رعایت انھیں حاصل ہے) بلکہ اپنا آخری قطرۂ خون تک بہا دینے سے دریغ نہیں کریں گے۔ مگر جب ایسے ہی قوانین کی رو سے پس ماندہ طبقہ کے ڈاکٹروں کے لئے صرف علاج کا چوتھائی حصہ کرنا کافی سمجھا جائے گا تو اس وقت شاید قانون سازوں کی عقل پر جو پردہ پڑ گیا ہے اُٹھ جائے۔

بیکاری ہٹاؤ

اگر آپ گریجویٹ ہو گئے ہیں اور آپ کو اس بلندی پر پہنچانے کے بوجھ سے آپ کے والدین مالی اعتبار سے ملیا میٹ ہو گئے ہیں، اور اس لیے زیادہ علم کی دولت حاصل کرنے کے موقف میں آپ نہیں رہے تو خاکسار کی طرف سے دلی ہمدردی قبول فرمائیے کیونکہ آپ کی زندگی کا زریں دور ختم ہو چکا ہے۔ اسکول اور کالج جہاں آپ کی تفریح کے لئے خالص تخریبی کارروائیاں کرنے کے اَن گنت موقعے حاصل تھے، ان سے آپ یکسر محروم ہو چکے ہیں۔ قابلِ مبارکباد ہیں آپ کہ جہاں تک ممکن تھا آپ نے اپنے تعلیمی دَور کو اپنے بالوں کو شبِ ہجراں اور اپنے والدین کی پریشانیوں کی طرح دراز کیا۔ مگر اب اس فلمی گیت کے وزن پر جیسے

آپ ٹرانسسٹر کو کان سے لگائے سڑک کے بیچوں بیچ کھڑے رہ کر سننا اپنا محبوب ترین مشغلہ سمجھتے تھے کہ " جاؤں تو جاؤں کہاں " آپ کی ذاتِ بے برکات پر یہ مصرعہ ثانی ثبت ہو رہا ہے کہ " کھاؤں تو کھاؤں کہاں "۔ دراصل اب وقت آپ کے کھانے کو آتا ہے ـــــ اس کو بتانے کے لئے بھی تو رقم درکار ہے۔ اب وہ پہلے والی بات کہاں جب فیس، کتابوں اور داخلے و بس کے کرائے کے لئے والدین آپ کو روپے پیسے دے دیتے تھے اور آپ اپنی جی نی اُس سے اس کا بیشتر حصہ بچا لیتے تھے۔ مثلاً کتابیں آپ نے کبھی خریدی نہیں، بس کا ٹکٹ لیا نہیں اور فیس دینے کے وقت ہڑتال کرا کے اور فیس کے رجسٹر جلا کر فیس دینے یا لینے کی نوبت ہی نہیں آنے دی ـــــ مگر اب ؟

گھر بیٹھو تو والدین کہتے ہیں اُٹھو اور کوئی کام ڈھونڈو ـــــ اور کام ! اول تو عام قسم کے کام آپ کے کسی کام کے نہیں، لیکن اس سے بھی بڑی مصیبت یہ ہے کہ کام دینے والے آپ کو کسی کام کا نہیں سمجھتے۔ آپ کی طوفانی رنگوں والی بش شرٹ، خونخوار گل مونچھوں، سر کے وحشیانہ بالوں اور گھٹنوں کے نیچے سے ڈھیلی پتلون جس سے اسکول اور کالج کے منتظمین تھرّا اُٹھتے تھے، اب کوئی مرعوب نہیں ہوتا اگر کسی ملازمت کے لئے آپ کو غلطی سے بُلا بھی لیا جائے تو سوال، جو انٹرویو میں پوچھے جاتے ہیں ان کو آپ زندگی میں پہلی مرتبہ سُنتے ہیں۔ مثلاً یہ سوال کہ اسٹرونانٹ اور کاسمونانٹ میں کیا فرق ہے، آپ کو حیرت میں غرق کر دیتا ہے۔ کوئی بھلا مانس یہ نہیں پوچھتا کہ جدید ترین کالر کی کاٹ

اور ٹمائی کی ناٹ کیسی ہونی چاہیے ۔ اگر کوئی سرپھرا یہ پوچھے کہ لینڈ سیلنگ سے کیا مراد ہے تو آپ ضرور یہی کہیں گے کہ اس سے مراد کسی تہہ خانے کی ایسی چھت ہے جو زمین کی سطح سے بنائی گئی ہو اور پھر اگر امتحان تحریری ہو تو اس سے بھی آپ کا متحیر ہو جانا باعثِ حیرت نہیں کیونکہ نہ تو آپ کو سوالات پہلے سے بتلائے جاتے ہیں کہ آپ ان کے صحیح جواب دریافت کر کے جواب دینے کی کوشش کریں اور نہ ہی امتحان کے کمرے میں کوئی مددگار و معاون نظر آتا ہے جس کی مدد آپ حاصل کر سکیں ۔ ایسا معلوم ہوتا ہے کہ یہ دیوانی دنیا آپ سے آپ کی طالب علمی کے زمانے میں سرزد ہونے والی حرکتوں کا بدلہ لینے پر تُلی بیٹھی ہے ۔

خیر پریشان ہونے کی ضرورت نہیں ۔ آپ جیسے ہونہار نوجوانوں کے لئے چند نئے پیشے ہم نے بڑی چھان بین کے بعد دریافت کرلئے ہیں جن کو اختیار کرنے سے آپ کو بھرا سر فائدہ ہوگا ۔ آپ اپنے کسی چہیتے ایکٹر یا ایکٹریس کا نام لے کر کسی ایک پیشے کو اختیار کر لیجئے ۔ اور بڑے آرام سے زندگی بتائیے ۔

(۱) پُرانی مُورتیوں کا بیوپار

یہ بیوپار آپ کا بیڑا پار کر دے گا ۔ یہ بالکل نیا بیوپار ہے ' اور ابھی ہمارے ملک کے شعبدہ بازوں کو نقلی مورتیاں بنانے کے کارخانے کھولنے کا خیال نہیں آیا ۔ اس کام کو چلانے کے لئے لائسنس وغیرہ

لینے کی ضرورت نہیں اور نہ ہی شوروم آراستہ کرنے کی۔ اس کی سب کارروائی صیغہ راز میں کی جاتی ہے۔ پرانے مندروں، کھنڈروں اور عجائب گھروں میں بھی ایسی مورتیاں رکھی رہتی ہیں۔ البتہ آپ کو تھوڑی بہت زحمت ان مجسموں اور مورتیوں کو حاصل کرنے کی ضرور گوارا کرنی پڑے گی۔ اس ضمن میں آپ کو اپنے طالب علمی کے زمانے میں سوالات کے پرچے اڑانے میں حاصل کیا ہوا تجربہ بہت کارآمد ثابت ہو گا۔ مورتیوں کو اپنے قبضہ میں لاکر انتہائی راز میں ان کو مغربی ممالک کے سرپھرے کروڑپتی سیاحوں کو فروخت کر دیجئے — مالک نے چاہا تو آپ کے بپتا کے دن یکسر پھر جائیں گے۔ اس کے علاوہ مورتیوں کی قیمت آپ ڈالروں میں وصول کیجئے اور پھر ڈالروں کو الگ بیچ کر مزید روپیہ کمائیے۔

(۲) ٹکٹوں کی بلیک مارکیٹنگ

ٹکٹ بھی کئی قسم کے ہوتے ہیں۔ ہال ٹکٹ سے لے کر چناؤ کے ٹکٹوں تک۔ مگر آپ اپنا دھندا سینما کے ٹکٹوں سے شروع کیجئے کیونکہ اپنی طالب علمی کے زمانے میں آپ نے سب سے زیادہ تجربہ سینماؤں سے ہی حاصل کیا ہے۔ البتہ یہ پیشہ نیا نہیں۔ اس لئے اس میدان میں آپ اکیلے نہیں ہوں گے مگر یہ کام ہے بڑے کام کی چیز۔ اور کام بھی ایسا کہ دام کھرے اور آپ ہمیشہ سینماؤں کے آس پاس ہی منڈلاتے پھریں گے بس یوں سمجھ لیجئے کہ تفریح کی تفریح اور آمدنی فری۔ جتنے ٹکٹ آپ شو شروع ہونے سے پہلے حاصل کر سکیں گے اتنے ہی نوٹوں سے اپنی جیبیں

بھر سکیں گے۔ اس بیوپار میں کبھی مندا پیدا ہونے کا امکان نہیں۔ ہندوستانی مخلوق سینما کی دیوانی ہے۔ دودھ پیتے بچوں سے لے کر کوردین کے بل پر جینے والے بوڑھوں کو سینما دیکھنے کا مرض ہے۔ آپ کے حاصل کئے ہوئے ٹکٹ زیادہ داموں پر شکریہ کے ساتھ شکر کی طرح خرید لئے جائیں گے۔

اس بزنس کو اچھی طرح اور بغیر کسی دشواری کے چلانے کے لئے آپ کو اپنے تن و توش کو نہایت مضبوط بنانا پڑے گا۔ ہر صبح خوب ورزش کیجئے۔ دوڑ لگائیے تاکہ آپ کے رگ پٹھے فولاد کے بن جائیں۔ اپنی شکل و شباہت کو بے حد خونخوار بنانا بھی بہت ضروری ہے۔ لباس کی حد تک میرا مشورہ یہ ہے کہ آپ عام طور پر لُنگی اور باریک کپڑے کا کرتہ پہنئے جس سے آپ کی جسمانی قوت کی تشہیر ہونے لگے۔ چینی وضع کی مونچھیں پالئے سگریٹ کی جگہ بیڑی پیجئے اور بولنے کا لہجہ جس قدر کرخت ہو سکتا ہے بنا لیجئے۔ ایک دو مرتبہ کسی بات پر دھینگا مشتی شروع کرا کے اور اس میں شریک ہو کر اپنی بے پناہ قوت اور اس کے حسب ضرورت یا بلا وجہ استعمال کرنے کی دھونس بٹھا دیجئے۔ چالو فلموں کے گانوں کے بعض مصرعے گنگنایا کیجئے۔ کبھی کبھی ہاتھوں کی کلائیوں میں چنبیلی کے پھولوں کے ہار پہنئے اور کبھی کبھار آنکھوں میں سُرمہ کی سلائی بھی پھیر لیا کیجئے۔ بلکہ اگر ہو سکے تو ہر فلم کے ولین کے لباس میں نظر آئیے اور رفتہ رفتہ جب آپ کے کلّے پھول جائیں اور کمر اور چھاتی کا ناپ ایک ہو جائے تو پھر چالو فلم کے ہیرو کا لباس بھی اپنایا جا سکتا ہے۔ ان باتوں سے آپ کی شہرت اور آپ کے بزنس کو فروغ حاصل ہو گا۔

پھر جب آپ کو وسیع تجربہ سینما کے ٹکٹوں کی بلیک مارکٹنگ کرنے کا ہو جائے تو پھر ریل اور ہوائی جہاز کے ٹکٹوں، کرکٹ کے آزمائشی مقابلوں کے ٹکٹوں کا کاروبار بھی بڑھایا جا سکتا ہے ۔ اور بالآخر آپ اپنی توجہ الیکشن کے ٹکٹ دلانے کی طرف بھی پھیر سکتے ہیں ۔

(۳) ممنوعہ ایام میں شراب وغیرہ کی فراہمی

خوش قسمتی سے اب ہمارے ملک کی تقریباً تمام ریاستوں میں شراب وغیرہ کی فروخت پر پابندی ہٹالی گئی ہے ۔ بعض ریاستوں میں ہر ہفتہ میں کوئی خشک دن ہوتا ہے جب شراب فروخت نہیں کی جا سکتی ۔ ایسے دنوں میں پیاسوں کی پیاس بجھانا ثواب کا کام ہوتا ہے ۔ آپ اپنا بزنس صرف ان خشک دنوں میں کیا کیجئے اور پینے والوں سے منہ مانگے دام اور ان کی دعائیں حاصل کیجئے اور اپنی عاقبت سدھاریئے ۔

اس بزنس کو چلانے کے لئے ایک معمولی سی دکان اور مختلف قسم کی بوتلیں فراہم کرنے کی ضرورت ہوگی ۔ مثلاً آپ کو کوکا کی بوتلوں میں رم اور پانی کا مرکب بنا کر شارع عام پر بیچ سکتے ہیں ۔ بیر جنجر ایل کے نام سے ۔ جن لائم جوس کے لیبل کے تحت فروخت کی جا سکتی ہے اور خالص ٹھنڈے پانی کی جگہ بیچا جا سکتا ہے ۔ ممنوعہ دنوں میں ان نشہ آور چیزوں کے دام دگنے یا تین گنے لگائے جا سکتے ہیں ۔ اس طرح ہفتہ میں صرف ایک یا دو دن کام کر کے آپ مالا مال ہو سکتے ہیں ۔ مگر یہ خیال رہے کہ کہیں آپ خود ہی پیاسوں کے زمرے میں شریک ہو کر اپنے

سامان کے سب سے بڑے استعمال کرنے والے نہ بن جائیں۔

ممکن ہے کہ دوسری خوبیوں کے ساتھ ساتھ پہننے کا شوق بھی آپ کو اسکول اور کالج کے زمانہ میں ہی پڑ گیا ہو۔ اگر ایسا ہے تو مزید احتیاط کی ضرورت ہوگی۔ البتہ اگر آپ چاہیں تو اپنے مرکبات تیار کرتے ہوئے ان کو چکھتے ہوئے اپنا شوق پورا کر سکتے ہیں مگر مخمور بن جانا خطرناک ہے!

(۴) نجومی کا پیشہ

یہ بڑا کارآمد ذریعۂ معاش بن سکتا ہے۔ اس کے چلانے کے لئے ہینگ اور پھٹکڑی کی ضرورت نہیں۔ البتہ علم نجوم کی ایک دو مستند کتابیں پڑھ لینی چاہئیں تاکہ گفتگو کرتے وقت صحیح اصطلاحوں کا استعمال ہو سکے۔ ہاتھ کی ریکھاؤں کے متعلق بھی کچھ معلومات ضرور حاصل ہونی چاہئیں اور اس کے بعد صرف اپنے فن کا ڈنکا بجانے کا کام رہ جاتا ہے۔

اس پیشہ کو کامیاب طریقے پر چلانے کے لئے بڑی بڑی آسامیوں پر اپنی نظریں جمائیے۔ عام چھوٹے موٹے لوگ اب اس کیفیت میں نہیں رہے کہ اپنی عاقبت کا حال جاننے کے لئے نجومی کی فیس ادا کر سکیں، ان کو اپنی عاقبت یعنی مرتے دم تک ایڑیاں رگڑتے رہنے کا پورا پورا یقین ہے۔ البتہ بڑے لوگ ایسی شبھ گھڑیاں ڈھونڈتے ہیں جس وقت وہ کسی معاملہ میں اپنا پانسہ پھینکیں۔

یاد رکھئے کہ آدمی جتنا بڑا ہوگا اس کے دل میں اس سے بڑا بننے کی تڑپ ہوگی

اگر وہ گاؤں کا پنچ ہے تو سٹی فادر یعنی شہر کا باپ بننا چاہے گا۔ اس کے بعد اسمبلی میں جگہ حاصل کرنے کے لئے کسی معمولی سی بات پر غیر معمولی اعتراض کرتے ہوئے "اسمبلی چلو" کا جھنڈا بلند کرکے اسمبلی کے سامنے دھرنا دھرتے ہوئے اسمبلی والوں کا چین حرام کر دے گا اور اپنا سکہ بٹھا کر اسمبلی میں گھس جائے گا۔ اس کے بعد منتری بننے کے لئے ایڑی چوٹی اور اپنے گلے کا زور لگائے گا۔ اسمبلی کے فرش پر کراسنگ کرے گا۔ اور "ڈبل کراسنگ" کا ماہر بن کر منتری بن جائے گا۔ اس نوبت پر پہنچ کر اس کی آمدنی کا رُخ اور پیٹ کافی وسیع ہو چکے ہوں گے اور صحت کافی گر گئی ہو گی۔ اب وہ ہاتھ کی ریکھاؤں، آسمان کے ستاروں اور نجومیوں کے مشوروں پر بھروسہ کرنے لگے گا۔ اور آپ کے لئے آپ کی انگلیوں کے اشاروں پر ناچنے والی سونے کی چڑیا بن جائے گا۔

(۵) ۔ شکر، کیروسین، میدہ وغیرہ کا بیوپار

مطلب یہ نہیں کہ آپ شکر، کیروسین، میدہ وغیرہ کی دکان کھول لیں۔ تجربہ شاہد ہے کہ یہ اشیا رگاہے بہ گاہے منڈی سے اس طرح غائب ہو جاتی ہیں جس طرح ہندوستانی ہاکی ٹیم کے کھلاڑیوں کی نظروں سے پاکستانی ٹیم کے گول۔ جب شکر، کیروسین، میدہ وغیرہ منڈی سے غائب ہو جاتے ہیں تو حکومت شادی بیاہ اور دیگر رسومات کے موقع پر استعمال کے لئے درخواست گزاروں کو پرمٹ جاری کرتی ہے۔ آپ ہمہ قسم کے کارڈ چھپوا کر تیار رکھئے۔ اور ان میں تاریخ اور ان کے

خانے خالی رکھئے۔ جوں ہی یہ اشیا ر منڈی سے غائب ہوں آپ پردۂ غیب میں سے طلوع ہو کر اپنے کارڈوں کی خانہ پُری کر کے شکر، کیروسین وغیرہ کے پرمٹ حاصل کیجئے۔ اور پھر ان کو من مانے داموں پر بیچئے۔ اس ترکیب سے نہ صرف آپ کے حلوے مانڈے کا انتظام ہوتا رہے گا بلکہ لوگ آپ کے شکر گزار ہوں گے کہ آپ یہ نعمتیں بروقت مہیا کر دیتے ہیں۔

فی الوقت یہ چند پیشے نمونۃً پیش خدمت کئے گئے ہیں۔ ان سے ملک میں بیکاری ہٹے گی اور حکومت کی بیکاری ہٹانے کی یوجنہ بھی کامیاب ہو جائے گی۔

حیدرآباد، امریکہ، حیدرآباد

۱۷ اپریل ۱۹۷۵ء کی صبح کو میں اور میری شریکِ آفات نے گھر کے دروازوں کو گوڈریج کے بڑے بڑے نوتال نامی تالے لگا دیئے۔ پھر اپنے چہیتے کتے جیکی اور گھر کی دیکھ بھال کے لئے اپنے دو ملازمین کو مناسب ہدایات دیں، بمطلب یہ کہ ان سے درخواست کی کہ کم از کم ہماری غیر موجودگی میں کتے کا خیال ہم سے بہتر رکھیں۔ گھر کو چوروں کی نظرِ بد سے بچانے کے لئے خود گھر میں چوروں کی طرح چھپ کر نہ بیٹھے رہیں، اور گھر کے سامنے کی مختصر سی جگہ میں جو درخت اور پھول وغیرہ لگائے ہوئے ہیں، ان کو پانی دیتے رہیں۔ پھر بیگم پیٹ کے ہوائی اڈے پر بیس بیس کلو وزنی سوٹ کیس تلواکر اور پندرہ پندرہ کلو وزنی ہینڈ بیگ گلے میں لٹکائے، یار دوستوں کی نیک تمناؤں کو ساتھ لئے ہوائی جہاز کی طرف بڑھے۔ ابھی ہوائی جہاز تک پہنچنے کا آدھا راستہ بھی طے نہ ہوا تھا کہ میرے گلے میں لٹکایا ہوا ہینڈ بیگ طوقِ غلامی تڑا کر میرے قدموں میں آ گرا۔ اور میں اس سے ٹھوکر کھا کر سر بہ سجدہ پڑا

اپنے وطن کی پوتر دھرتی کو چوم رہا تھا۔ بیوی نے جو میرے آگے آگے چل رہی تھیں بغیر پیچھے دیکھے یہ سمجھ کر کہ میں عزم سیر و سفر کی خوشی میں ناچ کودرہا تھا مجھے سنبھل کر شریفانہ چال چلنے کی تاکید کی ــــ اور یہ ہدایت مجھے دی جارہی تھی جس کی نظروں کے سامنے امریکی جھنڈے کے اکاون تارے ناچ رہے تھے اور ماتھے ناک، اور ٹھوڑی پر اسی جھنڈے کے سرخ STRIPES بھی نمودار ہونے لگے تھے۔ ہوا یہ تھا کہ میرے خوب صورت اور خوب قیمت ہینڈ بیگ کا تسمہ دوستوں کی نیک تمناؤں اور بیگ بیچنے والے کے اس یقین دلانے کے باوجود کہ اس سے بہتر اور مضبوط بیگ ابھی تک ہندوستان میں نہیں بنایا گیا تھا، نہایت کمزور ثابت ہوا تھا۔ خیر میں نے بیگ کو بچے کی طرح بغل میں دبایا اور گود میں لے کر اپنی سیٹ پر بیٹھ گیا۔

ہمارے پیچھے ایک اور جوڑا بھی بیٹھا ہوا تھا۔ شوہر نہایت نحیف اور مریل قسم کے بزرگ تھے، مگر بیوی جن کے جسم کا درمیانی حصہ بے حد ٹھوس اور چوڑا تھا، بُری طرح سیٹ میں پھنس گئی تھیں۔ ان کا شاید ہوائی جہاز میں سفر کرنے کا یہ پہلا موقعہ تھا ــــ انھوں نے شوہر سے کہا کہ "مٹی پڑے ان جہازوں پر، ٹھیلہ بھر روپے کرائے کے لئے ہیں مگر بیٹھنے کو بالشت بھر جگہ نہیں دیتے" ــــ اور پھر جب ابتدائی کھڑکھڑاہٹ اور ہچکولوں کے بعد ہوائی جہاز پرواز کرنے لگا تو پچھلی سیٹ میں پھنسی ہوئی محترمہ نے تشویش ظاہر کی کہ جہاز چلتے چلتے یکلخت رک کیوں گیا ہے۔ جب ان کو کھڑکی میں سے باہر کا سین دکھا کر شوہر نے ان کا شبہ دور کیا تو بیوی نے یہ تبصرہ فرمایا کہ یہ تو جوں کی طرح رینگ رہا ہے۔

اسی رات بارہ بجے ہم دلی سے ایر انڈیا کے جمبو جیٹ ہوائی جہاز "شاہ جہاں" میں سوار ہوئے۔ اس میں تقریباً ۳۲۵ ہمسفر تھے، جہاں ہم کو

بیٹھنے کی جگہ ملی تھی، اس کے ارد گرد اس دیش کی گھر کی کھیتی کی زرخیزی کے ثبوت میں ہر ماں کی گود ہری تھی۔ ایک ماں کو آنکھوں سکھ، کلیجے ٹھنڈک پہنچانے کے لئے اس کی گود میں جڑواں لعل جڑے ہوئے تھے۔ اندھیری آدھی رات میں جیٹ کی مسلسل گھوں گھوں کی بیک گراونڈ میں پندرہ بیس بچوں کے رونے بلکنے اور طرح طرح کی آوازیں آرہی تھیں۔ سیٹوں کے درمیان اپنے ہینڈ بیگ ٹکائے، پاؤں رکھنے کی جگہ کسی طرح بنا کر اپنی سیٹوں پر بیٹھے، ہماری بند ہوتی ہوئی آنکھوں کو یہ آوازیں کھولتی رہیں۔

تین سو سے زیادہ انسانوں کے لئے اس آباد محلہ میں صرف چودہ باتھ روم تھے اور اس لئے صبح چار بجے سے جو ان کو استعمال کرنے کے لئے ان کے گرد کیو لگنے شروع ہوئے تو سفر کے ختم ہونے تک برقرار رہے۔

یہ کیو ہندوستان کی راشن کی دکان کے سامنے لگی بھیڑ کی یاد تازہ کرتے تھے۔ فرق صرف اتنا تھا کہ راشن کی دکانوں پر لوگ کچھ لینے جاتے ہیں اور ہوائی جہاز میں وہ کچھ دینے کے لئے بیقرار نظر آتے تھے۔ راستہ میں کویت، روم، فرینک فورٹ کے ہوائی اڈوں پر رکتے ہوئے، دن کے دس بجے کے قریب ہوائی جہاز لندن کے ہیتھرو ایروڈرم پر رکا۔ یہاں جب تک وقت نے اجازت دی، ہم دونوں ایرپورٹ کے باتھ رومز کی بار بار زیارت کرتے رہے۔

لندن سے اٹلانٹک سمندر پار کر کے شاہ جہاں نیویارک کے کینیڈی ہوائی اڈے پر اترا۔ یہ ہمارے سفر کی آخری منزل تھی۔ ہم دونوں اپنا سامان حاصل کر کے بمشکل تمام اس کو گھسیٹ کر کسٹم کے کاونٹر تک لے گئے۔ وہاں سامان کھول کر دیکھا گیا۔ افیون، چرس وغیرہ قسم کی چیزوں کی اسمگلنگ کو روکنے اور کھانے والی چیزوں کو ملک میں آنے سے روکنے کے لئے چھان بین ہوئی۔ اس بات کا

بھی یقین کر لیا گیا کہ متعدی بیماریوں کی روک تھام کے ٹیکے وغیرہ آنے والوں نے چلنے سے پہلے لگوا لئے تھے۔ پھر کسٹم کے کاؤنٹر پر ہی مدّتِ قیام کی اجازت دی جاتی ہے۔

افسر متعلقہ کے پوچھنے پر میں نے امریکہ آنے کی وجہ بتلائی اور اس بات کا یقین دلایا کہ ہم تلاشِ ملازمت کی دھن میں وہاں نہیں آئے تھے۔ استفسار کنندہ کو شاید میری صورت دیکھ کر ہی یقین ہو گیا تھا کہ اس مردِ مدقوق کو امریکہ میں ملازمت نہیں مل سکے گی، اس لئے اس نے بغیر کسی پس و پیش کے مجھے اس مدّت کے لئے جب تک میں وہاں ٹھہرنا چاہتا تھا، اجازت دے دی۔ یہ تمام کارروائی صرف دس منٹ میں مکمل ہو گئی تھی۔ ہم ایک نئی دنیا میں پہنچ گئے تھے۔

میری لڑکی، اس کا شوہر اور ان کا نو مہینے کا بچہ تینوں کسٹم کے آہنی دائرے کے باہر ہمارے منتظر تھے۔ ایروڈرم کا ہر حصہ بجلی کی روشنی سے بقعۂ نور بنا ہوا تھا۔ وہاں کا ہر شخص تیز تیز چلتا نظر آتا تھا۔

اس وقت رات کے نو بج چکے تھے۔ ایئرپورٹ ہی پر کھانا کھا کر ہم نیوجرسی اسٹیٹ میں آرنج کے مقام کے لئے موٹر میں چلے اور تیس پینتیس میل کی مسافت راستوں کی بھیڑ وغیرہ کے باعث رات کے بارہ بجے کے قریب طے کر کے گھر پہنچے۔

اپریل میں اس وقت کافی سردی تھی۔ امریکہ میں ہر گھر قانوناً سنٹرلی ہیٹیڈ ہوتا ہے۔ اس کے باوجود ہم تین تین موٹے کمبل اوڑھ کر سوئے اور بیس بائیس گھنٹے ہوائی جہاز میں سیٹ پر بیٹھے رہنے کے باعث گھوڑے بیچ اور ٹانگیں پھیلا کر سوئے۔

امریکہ میں ہر شخص اپنا کام خود کرتا ہے۔ ایسے لوگوں کی تعداد جو چوبیس

گھنٹے رہنے والے ملازمین رکھ سکیں۔ مشتے از خروارے سے بھی کم ہوگی۔ وہاں اپنے کسی قسم کے کام کرنے کو عیب نہیں سمجھا جاتا اور اگر کام مشکل قسم کا ہو تو ہمسائے کام میں ہاتھ بٹانے کے لئے بھی آمادہ ہو جاتے ہیں۔ جس گھر میں ہم رہتے تھے اس کی ایک دیوار کا رنگ ذرا مدھم پڑ گیا تھا۔ جب اس کی اطلاع ان اپارٹمنٹس کے سوپروائزر کو کی گئی تو وقت مقرر کر کے ایک دوپہر کو ایک شخص رنگ، برش، ایک میلا سا قالین اور سیڑھی لے کر آیا۔ پہلے اس نے رنگ کئے جانے والی دیوار کے آس پاس کا فرنیچر ہٹا کر دور رکھا، فرش پر قالین بچھایا اور پہلے رنگ کو کھرچ کر نیا رنگ کرنا شروع کر دیا۔ میں نے اس سے پوچھا کہ اسے اس کام کی کیا اجرت ملے گی۔ جواب میں وہ شخص مسکرایا اور اس نے مجھے بتلایا کہ وہ ان تیس پینتیس فلیٹس کا مالک تھا۔ امریکہ میں غیر فنی اور معمولی کام کی اجرت تین ڈالر فی گھنٹہ ہے۔

چونکہ میری لڑکی اور اس کے شوہر دونوں ڈاکٹر ہیں اور وہ دونوں صبح ساڑھے آٹھ بجے کام پر جا کر شام کو ساڑھے پانچ کے قریب گھر لوٹتے تھے۔ ہم دونوں گھر کے کام میں ہاتھ بٹانے لگے۔ بیوی کھانا پکاتی، بچے کو نہلاتی کھلاتی اور صاف رکھتی تھیں۔ اور خاکسار و یکیم کلینر سے گھر کے فرش صاف کرتا، مشین میں کپڑے دھوتا، گھر کے کچرے کو جمع کر کے، سمیٹ کر کچرے کی کنڈی میں رکھ دیتا تھا۔ کچرے کی نکاسی کی جو آسان ترکیب ہمارے ملک میں رائج ہے وہ نیکی کر اور دریا میں ڈال کے اصول پر ہے یعنی جھاڑو دے اور کچرا پڑوسی کے گھر ڈال۔ امریکہ میں ہر گھر کے باہر زمین کے اندر ایک گڑھا سمنٹ کا بنا کر اس میں اسی سائز کی ایک بڑی بالٹی رکھی ہوتی ہے اور اوپر آہنی ڈھکنا ہوتا ہے۔

ہر گھر کے ہر کمرے میں لوگ ردی کی ٹوکریاں رکھتے ہیں اور ہر قسم کے کچرے کو بشمول اس کچرے کے جو رسوئی خانے میں جمع ہوتا ہے، ان ٹوکریوں میں ڈالتے

جاتے ہیں ۔ دن میں جو کچرا جمع ہوتا ہے، اس کو پولیتھین یا انتہائی مضبوط کاغذ کے بڑے تھیلوں میں ڈال کر، ان کے منہ کو اچھی طرح بند کر کے گھر کے باہر رکھی ہوئی کچرے کی کنڈی میں رکھ دیتے ہیں ۔ وہاں سے یہ کچرے کے تھیلے، اور بھی زیادہ مضبوط اور بڑے پولیتھین کے تھیلوں میں اچھی طرح بند کر کے ایک خاص جگہ پر بڑی احتیاط سے جما کر رکھ دیتے جاتے ہیں، جہاں سے ہر روز بلدیہ کی لاریوں میں منتقل کر کے ان کو شہر کے باہر پہنچا دیا جاتا ہے ۔ خاکسار نے گھر کے کچرے کو تھیلوں میں پیک PACK کرنے کی بڑی مہارت حاصل کر لی تھی ۔ اس معاملہ میں گھر والے مجھے سنکی اور گھر کے باہر سے کچرا اٹھانے والا ماہر فن سمجھتا تھا ۔ اس شخص کو سات ڈالر فی گھنٹہ کے حساب سے اجرت ملتی تھی ۔

امریکہ بڑا خوب صورت ملک ہے ۔ صاف ستھرا، بڑے بڑے پہاڑ درختوں اور سبزے سے لدے ہوئے چوڑی شفاف سڑکیں جن پر بڑی بڑی خوبصورت موٹریں تیر کی تیزی سے پھسلتی ہوئی چلی جاتی ہیں ۔ راستے میں کوئی رکاوٹیں نہیں ہوتیں ۔ موٹر کا ہارن بجا کر کسی شخص کو اس کی غلطی کی طرف توجہ دلانا، بے خبرے کے لئے بہت بڑی توہین کا باعث سمجھا جاتا ہے ۔ سڑکوں پر کتے، بلیاں، گدھے بھینسیں اور انسان چہل قدمی کرتے نظر نہیں آتے ۔

سڑکوں پر پیشاب کرنے یا غلاظت ڈالنے کا جرمانہ پانچ سو ڈالر ہے ۔ کاش کہ ہمارے ملک میں اس جرم کی پاداش میں پانچ روپے ہی جرمانہ کیا جائے اگر ایسا کیا جائے تو مجھے یقین ہے کہ یا تو اس لعنت سے ملک صاف اور بدبو سے بچ جائے گا یا پھر ریاستوں کے موازنوں میں خسارے کی کیفیت باقی نہیں رہے گی ۔

امریکہ کے اکثر و بیشتر لوگ موٹر نشین ہیں ۔ مثلاً ہمارے گھر جوڑا کیہ

چٹھیاں پہنچاتا تھا۔ وہ ایک محلہ میں کام سے فارغ ہوکر اپنی موٹر میں بیٹھ کر دوسرے محلے چلا جاتا تھا۔ اور موٹر بھی ایسی جس میں ہمارے ملک کے گورنر یا بڑے رئیس لوگ ہی سواری کرتے ہیں۔ ڈاک کے تعلق سے یہ بات قابل ذکر ہے کہ ڈاکیہ نہ صرف آپ کی ڈاک ہی پہنچاتا ہے بلکہ اگر خط لکھ کر دروازے کے باہر رکھ دیا جائے تو اسے ڈاک کے ڈبے میں بھی ڈال دیتا ہے۔

امریکہ کے لوگ بڑے محنتی ہیں۔ ہفتے میں پانچ دن جی توڑ کر کام کرتے ہیں اور ہفتہ و اتوار کو جی کھول کر رنگ رلیاں مناتے ہیں۔ بہت سے لوگ تو جمعہ کی شام کو ہی سیر و یک اینڈ کے لئے بال بچوں کو لے کر نکل جاتے ہیں اور اتوار کی شام کو گھر لوٹتے ہیں۔ مطلب یہ کہ یا تو وہ کام کرتے ہیں یا زندگی کا لطف اٹھاتے ہیں۔ بیکار وقت گزارنا ان کے لئے حرام ہے۔

گو امریکہ جرائم کے لیے بھی مشہور ہے مگر جرم کرنے والے جرائم پیشہ لوگوں کے علاوہ صرف ایسے لوگ ہیں جن کو چرس، گانجہ وغیرہ جیسی قیمتی منشیات کی لت پڑ گئی ہو ایسے لوگ نشہ پورا کرنے کے لئے کسی بھی جرم کا ارتکاب کر دیتے ہیں۔ ان سے ہٹ کر دیکھا جائے تو امریکن بڑے دیانت دار لوگ ہیں۔ اس خیال کے ثبوت میں ایک واقعہ جو ہمیں پیش آیا آپ کی خدمت میں عرض کر دیتا ہوں۔ ہم لوگ ایک شام ایک ہوٹل میں کھانا کھانے گئے اور موٹر کو ہوٹل سے کچھ دور پارک کرنے کی جگہ پر چھوڑ گئے کھانا کھا کر واپس ہوئے تو موٹر کے سامنے کے شیشہ پر وائپر (Wiper) ایک کاغذ کا پُرزہ ٹنکا ہوا تھا جس پر یہ لکھا ہوا تھا کہ اپنی گاڑی نکالتے وقت غلطی سے ہماری گاڑی کو خراشیں آگئی تھیں جس کے لئے وہ بے حد متاسف تھی اور ان خراشوں کو درست کرنے کے لئے جو اخراجات ہم کو برداشت کرنے ہوں گے انھیں وہ بخوشی ادا کرے گی ٹیلی فون نمبر جس پر راقم سے ربط پیدا کیا جا سکتا تھا اس چٹ پر درج تھا۔ الغرض جب ان

خراشوں کو دور کرنے کی اُجرت دریافت کر کے (جو تقریباً ایک سو ڈالر تھی) ٹیلی فون پر بتلائی گئی۔ محترمہ نے دوسرے دن ایک سو ڈالر کا چیک بھیج دیا۔ دیانتداری کی اس سے بہتر مثال اور کیا ہو سکتی ہے۔

اسی واقعہ سے اس امر کی وضاحت بھی ہو جاتی ہے کہ امریکہ میں موٹر کی مرمت بے حد مہنگی پڑتی ہے۔ اس لئے لوگ حادثہ ہونے پر گاڑی کی مرمت نہیں کراتے بلکہ اسی طرح چلاتے رہتے ہیں اور جیسے ہی ممکن ہو نئی گاڑی خرید لیتے ہیں۔ بعض چیزوں کو درست کرانے سے بہتر یہی ہوتا ہے کہ بالکل نئی چیز ہی خرید لی جائے۔ البتہ امریکہ میں پٹرول اب بھی سستا ہے۔ ایک گیلن پٹرول کی قیمت ۵۹ سینٹ ہے جو تقریباً پانچ روپے کے برابر ہے۔ اس وقت حیدرآباد میں ایک گیلن پٹرول پندرہ روپے ۸۴ پیسوں میں ملتا ہے۔ پٹرول کی یہ قیمت جو اس وقت ہمارے ملک میں ہے شاید ہی کسی اور ملک میں اتنی ہو۔

امریکہ میں کھانے کی چیزیں مختلف قسم کی بڑی کثرت سے اسٹورز میں ملتی ہیں۔ کسی چیز کی کمی نہیں۔ البتہ قیمتیں وہاں بھی بڑھ گئی ہیں۔ اور شاید آئندہ اور بھی بڑھیں۔ مگر ترو تازہ سبزیوں، ترکاریوں اور پھلوں کو دیکھ کر طبیعت شگفتہ ہو جاتی ہے۔ ہر قسم کی ترکاری اور ہر قسم کا پھل وہاں ملتا ہے۔ صرف سیتا پھل ہی ایک ایسا میوہ ہے جو مجھے وہاں نظر نہیں آیا۔ امریکی دُنیا کے اچھا اور پیٹ بھر کر کھانے والے لوگوں میں ہیں۔ آئس کریم کے وہ بڑے شائق ہیں۔ گوشتوں میں بیف یعنی گائے کا گوشت ان کا پسندیدہ ہے۔ بیف کے ہیم برگرز اور فرینک فرٹرز ان کے خاص قومی پکوان ہیں۔ گوشتوں میں بیف سب سے مہنگا، دوسرے درجہ پر پورک (سور کا گوشت) اور بھیڑوں کا گوشت اور سب سے کم قیمت مرغ ہے۔ کوئی پندرہ بیس قسم کی ڈبل روٹی اور اتنی ہی قسم کے پنیر دیکھ کر انسان حیران

ہو جاتا ہے کہ کون سی چیز ان میں سے خریدے سبنے بنائے کھانے ڈبوں میں بند اور پکے پکائے ڈنر وغیرہ یخ کئے ہوئے ٹرے میں جمائے تیار ملتے ہیں، جن کو صرف تنور میں گرم کر کے کھایا جا سکتا ہے۔

وہاں کے لوگ بلی اور کتوں کے بڑے دلدادہ ہیں۔ کتوں اور بلیوں کے لئے بھی مختلف قسم کے پکوان ڈبوں میں بند اسی طرح ملتے ہیں جس طرح دودھ پیتے انسان کے بچوں کے لئے ڈبوں میں بند کھانے۔

دعوت دیتے وقت کھانا تیار کرنے میں اتنی تکلیف محسوس نہیں کی جاتی جتنی جوٹھے برتن صاف کرنے کے خیال سے پیدا ہوتی ہے۔ اس لئے اکثر و بیشتر کھانا کھا کر مہمانوں میں مرد برتن صاف کرنے میں مدد کرتے ہیں۔ بعض لوگ تو دعوت میں دبیز کاغذ کی پلیٹیں استعمال کرتے ہیں اور جو کھانے کے بعد تکلیف سے مکمل نجات حاصل کرنا چاہتے ہیں وہ پلاسٹک کی پلیٹیں، چمچے، چھری، کانٹے گلاس وغیرہ استعمال کر کے ان کو کچرے میں پھینک دیتے ہیں۔

سلے سلائے کپڑے وہاں بہت سستے ملتے ہیں۔ مثلاً چھ ڈالر میں اچھی قمیص اور اسی قیمت کی اچھی پتلون مل جاتی ہے۔ مگر انہی کپڑوں کی قمیص پتلون ناپ دے کر سلوائی جائے تو اس کی قیمت کم از کم دس گنا زیادہ ہوتی ہے۔ جوتے مہنگے ملتے ہیں۔ ان کی تقریباً وہی قیمت ہے جو یہاں ہے مگر ڈالروں میں۔

وہاں کے اخبار بہت ضخیم اور یہاں سے کچھ بڑے سائز کے کاغذوں پر شائع ہوتے ہیں۔ اتوار کے اخبار اور خصوصاً نیویارک ٹائمز کا اتوار کا ایڈیشن ایک سو صفحات سے زیادہ ہوتا ہے۔ ان اخباروں کو اگر جلدی جلدی نکال نہ دیا جائے تو شاید گھر میں ان کے رکھنے کی جگہ نہ رہے۔ سارے امریکہ کے اخباروں کی کسی ایک اتوار کی ردی اگر کسی طرح مجھے یہاں پہنچا دی جائے تو میں اس کو بیچ کر لکھ پتی

بن سکتا ہوں ۔ مگر ہندوستان کے متعلق ان اخباروں میں مطلق کوئی خبر شائع نہیں ہوتی ۔ ساڑھے پانچ مہینوں میں جب تک میں وہاں رہا صرف دو یا تین مرتبہ ہندوستان کی خبر چھپی ہوگی ۔ ایک ہندوستان کے تاثرات شیخ مجیب الرحمٰن اور اس کے خاندان کے قتل پر، دوسری ایمرجنسی کے نفاذ سے تعلق رکھتی تھی اور تیسری خبر میں ان قوانین کی تفصیل بتلائی گئی تھی جن کے تحت پرائم منسٹر اور دیگر عہدہ داروں کے چناؤ کے خلاف قانونی چارہ جوئی نہیں کی جا سکتی ۔

امریکہ کے بارے میں کوئی بھی مضمون مکمل نہیں ہوسکتا جب تک اس ملک کے ٹیلی ویژن کا ذکر نہ کیا جائے ۔ کوئی پچیس تیس مختلف خانگی ادارے مختلف پروگرام تمام دن اور تمام رات ٹیلی وائز کرتے ہیں ۔ اکثر و بیشتر پروگرام رنگین اور بے حد دلچسپ ہوتے ہیں ۔ کوئی ایسا شعبۂ زندگی نہیں جس کے متعلق پروگرام نہ ہو ۔ خبریں ٹیلی وائز کرنے کا یہ طریقہ ہے کہ خبر کے ساتھ ساتھ وہ واقعہ بھی بتلایا جاتا ہے جس کی خبر دی جاتی ہے، خواہ وہ دنیا کے کسی حصّہ میں واقع ہوا ہو ۔ اکثر پروگرام رنگین ہوتے ہیں اور اگر اچانک کسی چینل کا پروگرام اتفاقاً لگ جائے تو کیا مجال ہے کہ جب تک وہ ختم نہ ہو جائے اسے بدلا جا سکے ۔ آپ کا یہ خاکسار ٹیلی ویژن کا دیوانہ تھا اور اکثر و بیشتر ٹیلی ویژن دیکھتے ہوئے، ان امورِ خانہ داری سے گریز کر جاتا تھا جو نیک بخت نے میرے تفویض کر دیئے تھے ۔ ایسا کرنے پر جب وہ آواز دے کر مجھے ٹیلی ویژن کے سامنے سے اُٹھانے کی کوشش کرتی تھیں اور میں ٹس سے مس نہیں ہوتا تھا تو پھر وہ میرے نزدیک آ کر خشمگیں نگاہوں سے چنگاریاں برسانے، میری آنکھوں کے سامنے اپنے ہاتھ ہلاتی تھیں تو میں شانے ہلا کر اپنی بے بسی کا اظہار کر دیتا تھا ۔ میری عمر کے لوگوں کو بعض دفعہ ٹی بی ہو جاتا ہے مگر دوستو! میرے رویّے کے بارے میں

تنقید کی تلوار بے نیام کرنے سے پہلے یہ ملحوظ رہے کہ امریکہ میں مجھے" ٹی وی" ہوگیا تھا۔

ہر اچھے وقت کی طرح ہمارے قیام کے ساڑھے پانچ مہینے وہاں پل بھر میں بیت گئے۔ ہم نے نیویارک جاکر ایرانڈیا کے دفتر میں اپنی واپسی کے سفر کی سیٹیں محفوظ کرائیں۔ سفر سے دو دن پہلے نیویارک سے ایرانڈیا والوں نے ہمارا سفر خوشگوار ہونے کے لئے اپنی نیک تمناؤں کا اظہار بھی کیا لیکن جب مقررہ تاریخ کو ہم اپنے OK ٹکٹ لے کر کینیڈی ہوائی اڈے پر پہنچے تو وہاں کے ایرانڈیا کے نمائندے نے ہمارے سفر کے بارے میں لاعلمی کا اظہار کیا۔ ہمارے OK ٹکٹ کو وہ "KO" یعنی ناک اوٹ سمجھتا تھا۔ بالآخر بعض مسافروں کے نہ آنے پر ہم کو بطور خیرات سفر کرنے کی اجازت مل گئی۔ اس واقعہ نے ہندوستان پہنچنے سے پہلے ہی ہمارے دل میں اپنے ملک کی یاد تازہ کر دی۔

واپسی کے سفر کے متعلق ہم کو بعض یار دوستوں نے بتلایا تھا کہ لوگ دو دو تین تین ہینڈ بیگ ساتھ لے جاسکتے ہیں۔ اس لئے ہم نے بھی اپنے زائد سامان کے لئے دو بڑے عمدہ ہینڈ بیگ بیس تیس ڈالر کے خرید کر ان میں اپنا اچھا اور قیمتی سامان ٹھونس دیا۔ ہمارے ایک دوست نے رائل سلیوٹ ROYAL SALUTE. وہسکی لانے کی خواہش کی تھی۔ وہ بھی تیس ڈالر کی خرید کر ہم نے ایک ہینڈ بیگ میں رکھ لی۔ جب ہوائی اڈے کی آخری منزل سے گزرنے لگے تو ہم دونوں کے ہاتھوں میں دو دو ہینڈ بیگ تھے۔ اس جگہ ایک امریکن عورت مسافروں کے ٹکٹ دیکھ کر ان کو آگے جانے کی اجازت دے رہی تھی۔ اس نے ہمارے ہاتھوں میں دو دو بیگ دیکھ کر کہا کہ ایک مسافر صرف ایک ہینڈ بیگ ساتھ لے جاسکتا ہے۔ ہم نے کہا اس میں ہمارا بہت ضروری سامان

پوچھا، کون لوتھر۔؟ تو بتلایا گیا " این۔ لوتھر گارو"۔ میں نے سوچا۔ ٹھیک ہی تو ہے۔ مارٹن لوتھر کے بعد این یعنی نارٹن لوتھر، کوئی پادری صاحب ہوں گے۔ میں نے اندر آنے کو کہا، اور اپنی شیطانی صورت پر معصومیت کا نکھار پیدا کرنے کی کوشش کرنے لگا۔ اب آپ میری حیرت کا اندازہ لگائیے، جب پادری کے گون کی بجائے ایک نہایت صاف ستھرے سوٹ میں ایک نہایت قبول صورت نوجوان، چہرے پر نہایت بے لوث مسکراہٹ بکھیرے چیتے کی چال میں مصافحہ کا ہاتھ بڑھائے اندر داخل ہوا۔ میری بھی سمجھئے کہ باچھیں کھل گئیں۔ آندھرا پردیش بننے کے بعد پہلی مرتبہ ایک گورا چِٹا تیکھے خدوخال والا انسان نظر آیا تھا۔

میں نے پوچھا " لوتھر صاحب! کیا آپ بھی گارو ہیں ؟

کہنے لگے کہ " ابھی تک تو صحیح معنوں میں گارو نہیں ہوں۔ کیونکہ میرے اُوپر کئی گارو بیٹھے ہیں۔ اور ان میں ایک تو خود آپ ہیں۔ مجھے بحیثیت انڈر سکریٹری آپ کے تحت کام کرنا ہے "۔

اس طرح میری ملاقات لوتھر صاحب سے ہوئی۔ مجھے بہت جلد معلوم ہو گیا کہ موصوف کام کرنے میں بہت تیز ہیں۔ گو ان کی عمر اس وقت ۲۳ یا ۲۴ سال تھی مگر ان کا دماغ بہت سلجھا ہوا تھا۔ زبانِ انگریزی پر بڑا عبور حاصل تھا نظم و نسق کے اصولوں سے بڑی واقفیت تھی۔ مختلف قوانین و ضوابط ازبر یاد تھے۔ اکثر ایسا بھی ہوتا تھا کہ جب کبھی ہم کسی مسئلہ پر گفتگو کرتے تو یہ معلوم نہیں ہوتا تھا کہ وہ میرے انڈر سکریٹری ہیں یا میں ان کا سیکشن افسر ہوں۔ ان کے سپرد جو کام کیا جاتا وہ اسے نہایت خوش اسلوبی سے اور انتہائی خاطر خواہ طریقہ پر انجام دیتے بلکہ جو کام میرے کرنے کے ہوتے ان کو بھی یہ کہتے ہوئے کہ یہ بھی

میں ہی دیکھ لوں گا، میری چھٹی کرا دیتے۔ وہ سب کام نہایت ستھرا کرتے تھے البتہ میں نے ان کو یہ بتلایا تھا کہ میاں کام جتنا کرنا چاہتے ہو کرو مگر اس بات کا خیال رہے کہ کہیں میرے متعلق یہ مشہور نہ ہو جائے کہ تلنگانہ کا یہ کھنہ بالکل بیکار ہے اور آپ کے کام کام میں کسی صبح میرا کام تمام ہو جائے۔

ان کے تعلیمی کارنامے سنئے ۔۔۔ لوتھر صاحب نے بی اے آنرز پنجاب یونیورسٹی سے معاشیات میں پاس کیا۔ یونیورسٹی میں فسٹ کلاس فسٹ کا درجہ حاصل کرنے کی علت میں ان کو گولڈ میڈل عطا کیا گیا۔ ہوشیار پور کالج سے اس ہوشمند نے ایم اے پولٹیکل سائنس ۱۹۵۴ء میں کیا۔ آئی۔ اے۔ ایس میں منتخب ہونے کے بعد ٹریننگ حاصل کرنے کے دور میں اسسٹنٹ کلکٹر گوڈور مقرر ہوئے اور فلڈ ریلیف کے کام میں ان کی بہترین کارکردگی کی پاداش میں گورنمنٹ گزٹ میں ان کے کام کو سراہا گیا۔ پھر یہ سب کلکٹر کرنول مقرر ہوئے۔ اس کے بعد جی۔ اے۔ ڈی میں انڈر سکریٹری۔ پھر ڈائرکٹر انفرمیشن، جہاں سے وہ اسکالرشپ پر لیڈز یونیورسٹی گئے اور وہاں سے انڈسٹریل مینجمنٹ کے موضوع میں پوسٹ گریجویٹ ڈپلوما حاصل کیا۔ واپسی پر ایک وفد کے ساتھ ٹورازم کے تعلق سے کراچی گئے اس کے بعد مرکزی اسٹیل، مائنز اور میٹل کی منسٹری میں ڈپٹی سکریٹری مقرر ہوئے اسی زمانے میں فولاد کے منسٹر کے ساتھ لندن اور ماسکو بھی گئے۔ دلّی سے واپسی پر ڈائرکٹر انڈسٹریز مقرر ہوئے اور اس وقت کلکٹر حیدرآباد ہیں۔ لیبیا کی حکومت کے صنعت و حرفت کے محکمہ کی تشکیل میں مدد دینے کے لئے مختصر سی مدت کے لئے لیبیا بھی ہو آئے ہیں۔ اُمید کی جا سکتی ہے کہ اپنی باقی ماندہ مدتِ ملازمت میں موصوف دنیا کے اور مقامات کی بھی جہاں وہ ابھی تک نہیں جا سکے زیارت کر لیں گے۔

لوتھر صاحب نے اپنے ایک مضمون میں یہ خیال ظاہر فرمایا تھا کہ ہر بڑے آدمی کے پیچھے کوئی عورت ہوتی ہے مگر ایسا شاید پرانے زمانے میں ہوتا ہوگا لوتھر صاحب کے زمانے میں بھی عورت تو ہے مگر یہ نہ پیچھے ہے اور نہ سامنے بلکہ ساتھ ساتھ اور دوش بدوش۔ میں ذکر کر رہا ہوں لوتھر صاحب کے نہایت قابلِ احترام بہتر نصف کا ـــــ موصوفہ کالج میں ان کے ساتھ تھیں، انھوں نے بھی ہوشیار پور کالج سے پولیٹیکل سائنس میں ایم اے کیا۔ اور پھر پولیٹیکل سائنس کے ان دو طالب علموں نے کتابِ عشق کے اوراق پر نظر ڈالی اور جنونِ عشق کو ختم کرنے کا جو واحد علاج ہے وہ کیا۔

یہاں اس بات کا ذکر کرنا میں ضروری سمجھتا ہوں کہ لوتھر صاحب کے والدین نے لوتھر صاحب کی شادی میں گھوڑا جوڑا تو کیا ـــــ اس بات کی بھی شرط عاید کر دی تھی کہ لڑکی صرف اپنے پہنے ہوئے لباس میں وداع کی جائے گی اور بصورت جہیز ایک سوئی بھی ساتھ نہ لائے گی۔ میں سمجھتا ہوں کہ ہمارے سماج کی یہ شاید منفرد شادی تھی جس میں لڑکے کے والدین نے ایک پائی بھی نہ لینے کی شرط پر بیٹے کی شادی کرنا منظور کیا تھا۔

مسز لوتھر بھی انگلستان پلٹ ہیں۔ وہاں کے کسی اسکول میں مدرس کے فرائض بڑی قابلیت سے انجام دینے کے بعد دلی کے ایک اسکول میں درس و تدریس کا کام کر چکی ہیں۔ اس کے علاوہ ایڈمنسٹریٹیو اسٹاف کالج میں تعلیمی ماہر کی حیثیت سے کافی شہرت حاصل کر چکی ہیں۔ اور اب ان کی قابلیت اور ان کی بے پناہ خوبیوں کی وجہ سے حیدر آباد کے ایک اچھے اسکول نے ان کی خدمات حاصل کر لی ہیں۔

لوتھر صاحب اب مکمل، مجسم اور بھرپور "گارڈ" بن چکے ہیں۔ اگر ان

سے بات کرنا ہو اور صبح میں ذرا دیر ہو جائے تو وہ گھر سے نکل چکے ہوتے ہیں۔ دفتر میں فون ملاؤ تو معلوم ہوتا ہے کہ ابھی وہاں نہیں پہنچے۔ کچھ دیر بعد پھر فون ملاؤ تو بلا مبالغہ ان کا پی۔اے جو چنگیزی قسم کا ہے یہ جواب دیتا ہے "صاحب ایک میٹنگ میں ہیں" دو گھنٹے کے بعد اگر ٹیلی فون ملاؤ تو جواب ملتا ہے کہ صاحب ایک اہم میٹنگ میں مصروف ہیں۔ مزید دو گھنٹے کے بعد قسمت آزمائی کرو تو اس مرتبہ وہ نہایت اہم کانفرنس میں منہمک ہوتے ہیں۔ اس طرح یہ ظالم ۵ بجے تک ان سے بات نہیں ہونے دیتا۔ اور ۵ کے بعد وہ کہتا ہے کہ اب دفتر برخواست ہو چکا ہے اور لوتھر گارو وہاں نہیں ہیں۔

لوتھر صاحب اس وقت نظم و نسق کے اعتبار سے اپنے عروج پر ہیں۔ اور ابھی ان کی ملازمت کے تقریباً ۸ ا سال باقی ہیں۔ میرا یہ اندازہ ہے کہ اگر وہ مرکزی حکومت کے پلے نہیں پڑ گئے تو ہمارے جیسوں کی صف میں شامل ہونے سے پہلے چیف سکرٹری کے عہدہ پر ضرور فائز رہیں گے۔

لوتھر صاحب ہر کام بڑی باقاعدگی اور نہایت سلیقہ سے کرنے کے عادی ہیں۔ وہ اپنے اصولوں کے بڑے پابند ہیں۔ ایک ملازم سرکار ہونے کے ناطے سے حکومت کی فیملی پلاننگ کی پالیسی پر پوری طرح کاربند ہوتے ہوئے انھوں نے ایک لڑکے اور ایک لڑکی پر اکتفا کیا ہے۔ اور لڑکا اور لڑکی (خدا ان کی عمر دراز کرے) ایسے ذہین کہ بڑے ہو کر ماں باپ سے بڑھ چڑھ کر شہرت اور ناموری حاصل کریں گے۔ صاحبزادہ صاحب جو ابھی سینئر کیمبرج کے آخری سال میں ہیں، انگریزی میں شاعری کرتے ہیں اور شاعری بھی ایسی کہ اچھے اچھے رسالوں میں شائع ہو جاتی ہے۔ بیٹی بھی اپنی عمر کے لحاظ سے بہت قابل ہے۔

ہم اس بات پر ناز کرتے ہیں کہ لوتھر صاحب زندہ دلانِ حیدرآباد

کے نائب صدر ہیں اور ایک نہایت اعلیٰ مزاح و طنز نگار ہیں۔ ان کے افسرانہ قلم میں بہت زور ہے اور یہی زورِ قلم ان کی تخلیقات میں بھی نمایاں ہے۔

میں یہ دعا کرتا ہوں کہ ان کو اپنے سرکاری کاموں سے کبھی کبھی اتنی فرصت مل سکے کہ ان کی ادبی صلاحیتوں کو زنگ نہ لگنے پائے۔ اگر وہ دفتر کے اوقات کے علاوہ مکمل چین و سکون اور کسی قسم کی مداخلت سے بچنا چاہتے ہیں تو حقیر مشورہ اس بارے میں یہ ہے کہ وہ اپنے دفتر کے پی اے کی خوبیوں والا کوئی پی اے اپنے گھر کے برآمدے میں متعین کر دیں۔ ایسا کرنے کے بعد ان کے گھر کے اندر ہوا کا جھونکا بھی داخل نہ ہو سکے گا۔

تکلّف برطرف
زباں پہ کس کا نام آیا؟

جب مجھ سے مجتبیٰ حسین صاحب کے فن اور شخصیت پہ ایک مضمون، ان کی کتاب "تکلف برطرف" کے رسم اجرا کے موقع پر لکھنے کے لئے کہا گیا تو میں فوراً تعمیل حکم کے لئے تیار ہو گیا۔ دراصل حکم کی تعمیل نچوڑ ہے ملازم پیشہ طبقہ کے تجربے کا ورنہ اگر میں ذرا غور کرتا تو یہ بات مجھ پر فوراً واضح ہو جاتی کہ کسی ادیب کی شخصیت پر مقالہ لکھنے کے لئے انسان کا کہنہ مشق نقاد ہونا ضروری ہے اور اس کے فن پر بحث کرنا بجائے خود ایک فن ہے جس میں یہ خاکسار بالکل کچا ہے۔ اس لئے ایک ایسے آدمی کے لئے جس کے پاس سوائے عمر کے اور کوئی پختہ چیز نہ ہو، ایسا مضمون لکھنا جوئے شیر لانے سے کم نہیں۔ اور یہی وجہ ہے میرے اس مضمون میں نہ تو آپ کو کہیں غوطے کھلانے والی گہرائی نظر آئے گی اور نہ دور بین

سے نظر آنے والی وسیع النظری اور نہ مشینی ڈرل سے کھود کر دیکھی جانے والی ٹھوسیت۔ ممکن ہے آپ یہ بھی سمجھنے لگیں کہ مضمون، موضوعِ مضمون سے کوسوں دُور بھاگ رہا ہے۔ مگر ایسا کرتے ہوئے نہ تو مجھے کسی قسم کی ہچکچاہٹ محسوس ہو رہی ہے اور نہ میں اس کو باعث شرم سمجھتا ہوں کہ فی زمانہ غیر متعلق باتیں کرنا ہی اس ملک کا فیشن بن گیا ہے۔ مثلاً آپ ریاستوں کی اسمبلیوں کے مباحث کو دیکھئے۔ اگر موضوع تعلیم یافتہ لوگوں کی بیکاری کا ہو تو بحث کی جاتی ہے کہ تعلیم کے فروغ کے لئے کافی روپیہ صرف نہیں ہو رہا ہے۔ یا پھر اگر معاملہ زیرِ غور یہ ہو کہ موجودہ صنعتی کارخانوں کے لئے برقی سپلائی ناکافی ہے تو تحریک یہ کی جائے گی کہ نئی فیکٹریاں قائم کی جائیں تاکہ ملک کی صنعتی پیداوار بڑھے وغیرہ وغیرہ۔

اس لئے معزز حاضرین! میری خامیوں کو براہ کرم نظر انداز فرما دیجئے کہ میں نے اس مضمون میں چند واقعات کو، جس طرح وہ پیش آئے بیان کرنے کی کوشش کی ہے۔

مجتبیٰ حسین صاحب کو میں پچھلے تین چار برس سے جانتا ہوں۔ جس دن ان سے پہلی مرتبہ ملاقات ہوئی وہ دن، مطلب ہے رات مجھے کبھی نہیں بھولے گی۔ تفصیل اس واقعہ کی یہ ہے کہ اس دن انجمن ترقی اُردو کی جانب سے ایک ادبی محفل اسی ہال میں مرزا شکور بیگ صاحب کی صدارت میں منعقد ہوئی تھی، مجھے بھی شرکت کے لئے بلایا گیا تھا اس لئے میں دفتری دھندوں سے فارغ ہو کر اُردو ہال پہنچ گیا۔ اس ادبی اجلاس میں مجتبیٰ حسین صاحب نے اپنا مضمون "قصہ پہلے گریجویٹ درویش کا" پڑھ کر سُنایا جس کو بھرے ہال کے سامعین نے خوب سراہا۔ جب تک وہ

مضمون پڑھتے رہے، قہقہے بلند ہوتے رہے اور تمام حاضرین اپنی اپنی کلفتوں کو بلا شرکتِ غیرے یکسر بھلا بیٹھے۔ مرزا شکور بیگ صاحب نے کرسیِ صدارت سے اس ذہین اُبھرتے ہوئے مزاح نگار کو خراجِ تحسین پیش کیا۔

بہر حال یہ محفل ختم ہوئی اور خاکسار رات کے آٹھ بجے کے لگ بھگ گھر پہنچا۔ آتشِ شکم مسلسل قہقہے لگانے سے بھڑک اُٹھی تھی۔ بیوی ایک کرسی پر برآمدہ میں بیٹھی میری واپسی کا انتظار ایسے انہماک سے کر رہی تھیں جس طرح کوئی ماہی گیر پانی میں گل ڈالے مچھلی پھنسنے کے انتظار میں بیٹھا ہو۔

میں بیوی کو کھانے پر قصہ پہلے گریجویٹ درویش کا سنانا چاہتا تھا کہ انھوں نے نہایت دھیمی مگر بے حد موثر آواز میں پوچھا:

"کیروسین تیل کا ڈبہ کہاں ہے؟"

کیروسین تیل کے ڈبے کا ذکر سنتے ہی میری آتشِ شکم پر گھڑوں پانی پھر گیا اور نتیجہ اس آب پاشی کا یہ ہوا کہ پانی جسم کے مختلف حصوں پر پسینہ بن کر نکل پڑا۔ اور ماتھے پر سے ٹپکنے لگا۔

کیروسین تیل کی کیفیت یہ ہے کہ بیوی نے اس دن مجھے دفتر میں ٹیلی فون کیا تھا کہ گھر میں کیروسین تیل کی ایک بوند بھی نہیں ہے اور چولھے ٹھنڈے پڑے ہیں۔ ہدایت یہ دی گئی تھی کہ دفتر سے بر وقت اُٹھوں، کیروسین تیل حاصل کروں اور ایک ڈبہ بھر لے کر بدکے ہوئے آہو کی طرح سیدھا گھر واپس آجاؤں تاکہ رات کا کھانا بن سکے۔

یہ کم بخت ہدایت خاکسار کو پانچ بجے تک تو یاد رہی مگر جوں ہی اُردو ہال پہنچا اور قصہ پہلے گریجویٹ درویش کا کہ جس کا نام ایس اے غلام بخت تھا، سُنا تو اس بد بخت کی طرح اپنا ذہن بھی یکلخت خالی ہو گیا۔

اور جب خاکسار سے بیوی کے سوال کا جواب نہ بن پڑا تو صاحبو! وہاں سے قصہ اس پانچویں درویش کا شروع ہوتا ہے، جس کا ذکر راویانِ خوش بیان، بموجب اعلان، کرنا بھول گئے تھے۔ یہ قصہ بھی پہلے گریجویٹ درویش کے قصہ کی طرح بہت طولانی ہے کہ اس میں بیوی کے غم و غصہ کی کہانی ہے۔ مکالمہ کی حد تک یک طرفہ زبان کی روانی اور اس آپ کے پانچویں درویش کی پریشانی اور پشیمانی ہے، اور چونکہ زندگی آنی جانی ہے اور یہ جہان فانی ہے، یہ درویش اپنا قصور مان کر متاسف تھا کہ وہ کر گیا تھا اس دن اپنی من مانی۔

اور اس کے بعد قصہ یوں بیان کیا جاتا ہے کہ بزرگوں کے قول کے مطابق یہ درویش پنجم اپنے قہر کو اپنی جانِ حزیں کی پلین سیٹ پر بٹھا کر اس رات کھانا کھائے اور پانی پئے بغیر بسترِ جاناں سے دُور بہت دور سرد پیر پر چادر تان کر لیٹ گیا۔

اور پھر کیا ہوا دوستو!
بقول سلیمان خطیب صاحب
اک لطیفہ ہوا
اک تماشہ ہوا
اک شگوفہ کھلا

یعنی یہ کہ گھر کے مچھر جو ہر رات اس درویش کا خون پیا کرتے تھے اپنے محبوب شکار کو اس کی جگہ نہ پاکر پریشان ہو گئے اور فوراً اپنے سردار کے پاس جا کر کیفیت بیان کی۔ مچھروں کا سردار کہ بڑا عقلمند اور تجربہ کار تھا کہنے لگا کہ کسی وجہ سے گھوڑا اپنے تھان پر واپس نہ آیا ہوگا، اس لئے اے خرمغزو! اس نازنین کی طرف بڑھو جو بازو کے بستر پر بصد ناز لیٹی ہوئی ہے۔ اس پر چند مچھروں نے اعتراض

کیا کہ حضور! ہم آپ کے حکم کی قدر کرتے ہیں مگر ہم نمبر وَن کو الٹی خون پینے کے عادی ہیں، اس دو نمبر کے خون کو کیوں کر گوارا کر سکیں گے؟ یہ سن کر سردار کو جو سردار پٹیل کا سا مزاج رکھتا تھا بہت غصہ آیا۔ کہنے لگا تم لوگ بھی ہندوستانیوں کی طرح بات بات پر اعتراض کرتے ہو اور روڑے اٹکاتے ہو۔ چلو ہٹو اور جو کچھ راشن میں مل سکتا ہے اسے قبول کرو اور خدا کا شکر بجالاؤ۔ الغرض مچھر اس غم و غصہ سے بھری حسینہ کی طرف بڑھے جو اس درویش کی بھول کو بھولے سے بھی نہیں بھولنا چاہتی تھی، چادر اوڑھنا بھول گئی تھی۔

اور ان مچھروں نے حسبِ روایاتِ سیاستدانانِ ہندوستان اس بھول سے ناجائز فائدہ اُٹھاتے ہوئے، بیوی صاحبہ پر یلغار کر دی اور یہ حملہ رستم و سہراب اور افراسیاب کے مل کر کئے ہوئے، بیان کردہ و غیر بیان کردہ حملوں سے کہیں بڑھ چڑھ کر تھا۔ پری وش ان حملوں کی تاب نہ لا سکیں اور اُٹھ بیٹھیں اور یہی وہ وقت تھا جب کہ آپ کا یہ درویش بے ہنگام اپنی زبانِ بے لگام کو دانتوں میں دابے، اپنے کئے پر پژمردہ اور اپنے نہ کئے پر افسردہ، مصنوعی خراٹے بڑی کر و فر سے بھر رہا تھا۔

جب سوئچ آن کیا گیا تو جانتے ہیں آپ کہ اس مہ لقا کو کیا نظر آیا — !

ایک مُوش قبیحہ صورت و سیاہ فام کہ جس کی مونچھیں اور دم تھی، دراز مانند لگام، الماری کے کواڑوں تلے بیٹھا، کسی مردِ بے حیا کی طرح دیدے پھاڑے اور ٹکٹکی باندھے اس حسینہ کا فوحال کو جس کو اب پسینہ چھوٹنے لگا تھا، دیکھ رہا تھا۔

اور یہ پری زاد گُل فام گو لرزہ براندام بڑے حوصلے اور قابلِ قدر شجاعت کا مظاہرہ کرتے ہوئے پُکار اُٹھیں ؎

یہ بتا چارہ گر تیری زنبیل میں

کچھ مداوائے وحشتِ چوہا بھی ہے؟

اور کرنی اس قادرِ مطلق کی یہ ہوئی کہ عین اس موقعہ پہ مولوی چارہ گر صاحب بھی وہاں موجود تھے۔ بات یہ تھی کہ یہ صاحب موالی ٹائپ کے انسان تھے اور اپنے خالق مخدوم صاحب سے اکثر رخصتِ اتفاقی لے کر چوری چھپے پرائیویٹ پریکٹس کرنے کے خاطی تھے' میرے گھر پہنچ گئے تھے۔ بغل میں زنبیل اور سلگتے ہوئے ہونٹوں میں بجھی ہوئی بیڑی دبائے ایک طرف کھڑے تھے۔ مخفی مبادکہ ابھی حال حال تک تو چارمینار سگریٹ ہی پیتے تھے مگر جب سے تمباکو پر نئے ٹیکس عاید ہوئے ہیں' بیڑیوں پر اُتر آئے ہیں۔

بہرحال حسینہ کا یہ سوال جوکہ نہ صرف اس چارہ گر کے نصابِ تعلیم میں شامل تھا بلکہ دورانِ تعلیم ان سے بار بار پوچھا جایا کرتا تھا اور گو یہ اس سوال سے اب تک بڑی حد تک مانوس بھی ہو چکے تھے' تاہم یہ سوال ایسا تھا کہ میاں چارہ گر کا ایک ہاتھ زنبیل میں تھا اور دوسرے ہاتھ سے وہ اپنا سر کھجائے جا رہے تھے اور یہ کھجانا کچھ ایسی شدّت کا تھا کہ اس سے ان کے سر کو تو کچھ نہیں ہوا البتہ انگلیاں چھِل گئیں۔ مولوی چارہ گر صاحب سوچ رہے تھے کہ یہ مخدوم صاحب بھی بڑے بخشے ہوئے ہیں۔ مجھ کو صرف دو بدنوں کی آگ کے متعلق کچھ تھوڑا بہت سکھا کر چھوڑ دیا ہے اور اس وسیع و بسیط کائنات میں کبھی کوئی سرپھرا فاقے کا علاج کرنا چاہتا ہے تو کوئی چوہے کو دیکھ کر پیدا ہونے والے خوف کو دور کرنے کا دارو مانگتی ہے۔ اس لئے اس نے تہیہ کر لیا کہ اپنی اولین فرصت میں مخدوم صاحب سے مل کر ان بیماریوں کا بھی علاج دریافت کر لوں گا ورنہ یہ چوری چھپے کی پریکٹس کبھی کامیاب نہیں ہوگی۔

اِدھر چارہ گر صاحب ان خیالوں میں کھوئے ہوئے تھے ادھر وہ نازک جان

حسینہ چوہے کی مقناطیسی نظر سے خود بے بس و مجبور ہو چکی تھی۔ غرض اس غنچہ دہن نے ایک چیخ ماری اور بے اختیار ہو کر دوڑیں۔

تو اس نوبت پر اے پیرانِ پارسا، جوانانِ بے وفا، طفلانِ بے حیا، دوشیزگانِ نارسا، مستوراتِ باحیا و ادیبانِ ہر دم خطا یہ درویش بحالتِ مجبوری اور بالکل فوری یہ قصہ ختم کرتے ہوئے دفع ہوتا ہے کہ یہی موقعہ تھا، جبکہ سنسر کے عہدہ داران، اپنی نفس مردہ کی لاشیں اپنے کندھوں پر لادے اپنی ملازمت کے تحفظ کی خاطر، بڑی بڑی تیز اور چمکدار قینچیاں ہاتھوں میں تھامے کسی بھوت بلا کی طرح کہیں سے یک دم نمودار ہوئے اور اس افسانۂ لازوال کے تسلسل کو آنِ واحد میں ہمیشہ ہمیشہ کے لئے کٹ کر دیا۔

معزز خواتین و حضرات! مجھے ڈر اس بات کا ہے کہ سنسر والوں کی اس حرکتِ نامعقول پر نوجوانانِ وطن کہ جن کے پاس وقت کے استعمالِ بے جا کے لئے فراوانی ہی فراوانی رہتی ہے، ہڑتال نہ رچا بیٹھیں۔

سامعین ذی احترام! یہ تھا نتیجہ مجتبیٰ حسین صاحب سے میری پہلی ملاقات کا۔

اس ملاقات کے بعد یا یوں کہئے کہ "قصہ پہلے گریجویٹ درویش کا" سے لے کر "ناز اُٹھانے کو ہم رہ گئے"۔ "ڈاکٹروں کے ـــــ" تک، ان سے بہت سی ملاقاتیں ہوئیں۔

پہلے زندہ دلانِ حیدرآباد اور حلقۂ اربابِ ذوق کے جشنِ مزاح کے انتظامات کے سلسلہ میں اور پھر حلقۂ ارباب ذوق کے جشنِ مزاح کے انتظامات کے تعلق سے ملتے رہے۔ موصوف ان دونوں کانفرنسوں کے معتمد عمومی تھے، حسبِ ضرورت یہ ملاقاتیں طویل یا انٹرکلاس کی ملاقاتیں ہوتی تھیں۔ مجھے یہ کہتے ہوئے

مسرت ہوتی ہے کہ مجتبیٰ حسین نے بحیثیت معتمد عمومی اپنے فرائض کو بڑی محنت اور انتہائی ذمہ داری سے انجام دیا۔ یہ کہنا کہ انھوں نے ان کانفرنسوں کی کامیابی کے لئے دن رات کام کیا مبالغہ نہ ہوگا۔ اگرچہ اس بات سے انکار نہیں کیا جا سکتا کہ ان کے کام میں عہدہ دارانِ حلقۂ اربابِ ذوق اور زندہ دلانِ حیدرآباد نے موصوف کو ممکنہ مدد دی مگر بحیثیتِ معتمد عمومی مجتبیٰ حسین صاحب ان کانفرنسوں کی مرکزی اور اہم ترین شخصیت تھے۔ پوری خط و کتابت، مہمان ادیبوں کو شرکت کے لئے پابند کرنا اور وقت اور تاریخ کی پابندی سے ان کے حیدرآباد پہنچ جانے کی ترکیبیں، سووینیر کی ترتیب، اپنی رپورٹ لکھنا، دعوت ناموں کی اجرائی، مقام کانفرنس کے انتظامات، مہمان ادیبوں اور شاعروں کے قیام طعام اور ٹرانسپورٹ کی دیکھ بھال، ادیبوں اور خصوصاً شاعروں کو مشاعرے میں گھسیٹ کر لانا وغیرہ وغیرہ ایسے کام ہیں جن کو کرنے کے لئے وقت، بے حد صبر اور ایثار کی ضرورت ہوتی ہے۔ مختصراً میں یہ کہوں گا کہ مجتبیٰ حسین صاحب نے ان کانفرنسوں کی کامیابی کے لئے بہت ٹھوس کام کیا جس کے لئے وہ اور دیگر حضرات جنھوں نے مختلف نوعیت کے کاموں میں ان کا ہاتھ بٹایا قابلِ مبارک باد ہیں۔

پہلی کانفرنس کے موقعہ پر مجتبیٰ حسین صاحب ہر اچھے ادیب کی طرح علیل ہو گئے تھے مگر انھوں نے بسترِ علالت سے لیٹے لیٹے کنھیا لال کپور کو شرکت اور صدارت کی دعوت جس کا جواب قافیہ اور ردیف قائم رکھنے کی غرض سے کنھیا لال کپور نے بھی لیٹے لیٹے ہی لکھا اور بتلایا کہ وہ عارضۂ دل کو دل دے بیٹھے ہیں۔ ڈائس پر لیٹ کر صدارت وہ اس لئے نہیں کرنا چاہتے تھے کہ کہیں خود مجسم مزاح نہ بن جائیں اور طنز کے نشتر ان کو چبھنے لگیں۔

اس مزاح کی معراج یہ ہے کہ جب مجتبیٰ حسین صاحب نے کرشن چندر کو اپنی کتاب "تکلف برطرف" کے لئے پیش لفظ لکھنے کے لیے آمادہ کرلیا تو یہ حضرت بھی ان کی خواہش کی تاب نہ لا سکے اور پیش لفظ لکھنے سے پیشتر ہی ان کو بھی دل کا دورہ پڑ گیا۔ اس لئے بحالتِ مجبوری موصوف کو خود اپنا تعارف آپ کرانا پڑا۔ کیونکہ دوسرے ادیب جو پیش لفظ لکھ سکتے تھے وہ دل کے مرض میں مبتلا نہیں ہونا چاہتے تھے۔

میں نہیں جانتا کہ مجتبیٰ حسین صاحب کا مزاحیہ کانفرنسوں اور مشاعروں کے انتظامات اور مزاحیہ مضامین پڑھنے کے علاوہ اپنا وقت کس طرح گزارتے ہیں اس لئے اس بارے میں کچھ نہیں کہہ سکتا۔ آپ ان سے جب "تکلف برطرف" میں ملیں گے تو آپ کو ان کے متعلق کافی معلومات حاصل ہو جائیں گی۔ میں تو صرف اتنا کہہ سکتا ہوں کہ مجتبیٰ حسین صاحب قلم تراش قسم کے تیز انسان ہیں۔ زندگی میں مزاح کی قاشیں تراشنے میں خود کو ہمہ تن مصروف رکھتے ہیں، یہی وجہ ہے کہ نوجوانی میں اور کھاتے پیتے خاندان سے تعلق رکھنے کے باوجود یہ ہڈیوں کا ڈھانچہ بن کر رہ گئے ہیں۔

اس میں شک نہیں کہ اگر ان کے بالوں کو بُری طرح بکھیر کر ترتیب دیا جائے تو ان بالوں میں دلیپ کمار کے سے بال بننے کی صلاحیت ہے مگر ہندوستانی فلم کے ایک ہیرو کو بنانے کے لئے دو تین مجتبیٰ حسین درکار ہوں گے اور پھر اگر جنوبی ہند کے اسکرین کی ٹھوس ہیروئن کا جسم و جثہ مقصود ہو تو کم از کم چار پانچ مجتبیٰ حسینوں کی حاصلِ جمع سے دیسی حسینہ مرتب ہو سکے گی۔

میں مجتبیٰ حسین صاحب کو مبارک باد پیش کرتا ہوں کہ ان کے مضامین کا پہلا مجموعہ چھپ چکا ہے۔ میرا خیال ہے کہ موصوف گنتی کے ان چند

ادیبوں میں سے ہیں جن کی کتابوں کی مانگ رہے گی ورنہ خاکسار کی جس کی تین کتابیں چھپ چکی ہیں ان کی نکاسی کی واحد ترکیب یہ رہی ہے کہ خاکسار ہی ان کو خریدتا ہے اور تحفتہً دوستوں اور ہمدردوں کی خدمت میں پیش کرنے کی سعادت حاصل کرتا رہتا ہے۔

ہر ایک شخص کو جو آج کل زندہ رہنے کی دشواریوں کو کچھ دیر کے لئے بھلا دینا چاہتا ہو میرا مشورہ یہ ہے کہ وہ مجتبیٰ حسین صاحب کی "تکلف برطرف" پڑھے بلکہ زیادہ مناسب یہ ہوگا کہ اگر وہ اس کتاب کو اپنے پاس ہی رکھے اور جب کبھی زندگی مکدر ہونے لگے یا کسی قسم کی دردِ سر سے پالا پڑ جائے تو فوراً موصوف کا لکھا ہوا کوئی مضمون پڑھنا شروع کر دے ضرور افاقہ ہوگا۔ اپنی حد تک میں ان کے مضامین کو ایسپرو کی ٹکیہ کی جگہ استعمال کرتا ہوں۔

"تکلف برطرف" موصوف کے تیرہ مضامین، اپنا تعارف جو بجائے خود ایک اعلیٰ درجہ کا مضمون ہے پر مشتمل ایک ہلکی پھلکی کتاب ہے اور اس کا ہر ایک مضمون مزاح نگاری کا شہ پارہ ہے۔ ہم کو حیدرآباد پر ناز ہے جس نے مجتبیٰ حسین جیسا مزاح نگار پیدا کیا۔ میں دعا کرتا ہوں کہ خدا انھیں اور زیادہ زورِ قلم عطا کرے اور کوئی انھیں مزاح کے میدان سے اغوا کرکے کہیں اور نہ لے جائے۔
